DEUTSCHE HOCHSCHULSCHRIFTEN
seit 1987

Markus von Hänsel-Hohenhausen

Hitler und die Aufklärung

Der philosophische Ort des Dritten Reiches

Beitrag zur Theorie der modernen Despotien und

zum Mythos der politischen Religion

AUGUST VON GOETHE LITERATURVERLAG

FRANKFURT A.M. • WEIMAR • LONDON • NEW YORK

ISBN 978-3-8372-1672-1

1. Aufl. 2013: 500 Ex. Verlag der Cornelia Goethe Akademie
2. Aufl. 2015: 20.000 Ex. Frankfurter Verlagsgruppe AG

Illustration auf dem Einband: Das früheste Portrait Adolf Hitlers nach dem Leben,
Ölgemälde von Prof. Ernst Heilemann für Helene Bechstein, 1928, im Besitz des Verf.

Inhalt

**Nachdem die Natur die Menschen längst von fremder Leitung freigespro-
chen hat, bleibt ein großer Teil (dennoch) zeitlebens unmündig. (...) Es ist so
bequem unmündig zu sein. Habe ich ein Buch, das für mich Verstand hat,
(...) so brauche ich mich ja selbst nicht zu bemühen.**

Immanuel Kant: Was ist Aufklärung? (1783)*, S. 35

(Über die Unmündigkeit der größten Gruppe in der Bevölkerung.) Ihr gehören
alle an, (...) die teils aus Unfähigkeit, teils aus Nichtkönnen alles glauben, was
man ihnen schwarz auf weiß gedruckt vorsetzt. Auch jene Sorte von Faulpelzen
gehört dazu, die wohl selber denken könnte, aber aus reiner Denkfaulheit heraus
dankbar alles aufgreift, was ein anderer schon gedacht hat, in der bescheidenen
Voraussetzung, dass dieser sich schon richtig angestrengt haben wird.

Adolf Hitler, Mein Kampf (1923-1925), S. 263

[Es ist diese] Halbbildung, die die Menschen von dem Instinkt der Natur loslöst,
ihnen ein gewisses Wissen einpumpt, ohne sie aber zur letzten Erkenntnis führen
zu können, da hierzu Fleiß und guter Wille allein nichts zu nützen vermögen,
sondern der nötige Verstand, und zwar als angeboren, da sein muß.

Adolf Hitler, Mein Kampf (1923-1925), S. 267

[Die Menschen sollten nicht vergessen,] dass sie ihr höheres Dasein nicht den
Ideen einiger verrückter Ideologen, sondern der Erkenntnis und rücksichtslosen
Anwendung eherner Naturgesetze verdanken.

Adolf Hitler, Mein Kampf (1923-1925), S. 316

---

*Die Zitate sind zum Teil gekürzt, aber der Sinn nicht verändert.

Nachdem die Natur die Menschen längst von fremder Leitung freigesprochen hat, bleibt ein großer Teil (dennoch) zeitlebens unmündig. (...) Es ist so bequem unmündig zu sein. Habe ich ein Buch, das für mich Verstand hat, (...) so brauche ich mich ja selbst nicht zu bemühen.

Immanuel Kant: Was ist Aufklärung? (1783), S. 35

Indem der Mensch versucht, sich gegen die eiserne Logik der Natur aufzubäumen, gerät er in Kampf mit den Grundsätzen, denen auch er selber sein Dasein als Mensch allein verdankt. So muß sein Handeln gegen die Natur zu einem eigenen Untergang führen.

Adolf Hitler, Mein Kampf (1923-1925), S. 314

Dort, wo man Bücher verbrennt, verbrennt man auch am Ende Menschen.

Heinrich Heine, Almansor (1821)

Ein stärkeres Geschlecht wird die Schwachen verjagen, da der Drang zum Leben in seiner letzten Form alle lächerlichen Fesseln einer sogenannten Humanität der einzelnen immer wieder zerbrechen wird, um an seine Stelle die Humanität der Natur treten zu lassen, die die Schwäche vernichtet, um der Stärke den Platz zu schenken.

Adolf Hitler, Mein Kampf (1923-1925), S. 145

Wer behauptet, man könne durch die Kraft der Natur und ohne die Erleuchtung und Einhauchung des Heiligen Geistes irgendetwas Gutes in geeigneter Weise denken, der wird getäuscht.

Zweite Synode von Orange, im Jahre 529*

---

* Gekürztes Zitat aus Kanon 7, Enchiridion symbolorum, S. 178; vgl. unten Fußnote 122

Vorbemerkung

Über eine der wirkmächtigen Bewegungen in der Geschichte des Denkens zu schreiben, ist immer ein Wagnis, sei es als Tausendseitenwerk, dessen Überblickswissen sich im Rauschen der Fußnoten verflüchtigt, oder als bündige Thesen- oder Programmschrift, die alle Lebendigkeit vom Geschehen abschält, um das Knochengerüst, das alles trägt und die Form vorgibt, sichtbar zu machen. Beide Wege lassen sich nur mit einer Portion Kühnheit und einer noch größeren Portion Naivität einschlagen. Denn der Verfasser setzt einen Leser voraus, der Kredit auf das zu Sagende und eine Sympathie vorschießt, ohne die ein Verstehen nicht auskommt.

Um diesen erforderlichen Kredit nicht von vornherein zu verspielen, ist hier der Hinweis nötig: Meine Beobachtung zur Ursache des Erfolges des Nationalsozialismus in der Philosophie der Aufklärung ist keine Relativierung des monströsen Regimes und seiner Ideologie, die sich durch eine philosophische Hintertür hereinschleichen will. Meine Arbeit ist auch keine Kritik an der Aufklärung an sich, sondern an ihrem Mythenverbot, also an der Entspiritualisierung, am modernen Materialismus, an der „Ethik", die der Rationalität unterworfen und dadurch relativiert ist – Erscheinungen der Gegenwart, die sich im Nationalsozialismus in besonderer Reinheit und Menschenverachtung ausgeprägt haben. Sie ist eine Kritik der Säkularisation, die die totalitären Regime möglich gemacht hat. Totalitarismus, der Politik mit der Psychologie des nichtanalytischen, mythischen Bewußtseins verknüpft und eben dadurch „total" wird, blühte in Ländern auf, in denen das Christentum seinen Einfluß verloren hatte.[1]

Tötung von Menschen als Staatsräson, diese Ungeheuerlichkeit, verdankt sich der Abschaffung des Ethos und damit des Tötenicht! der Religion. Meine kleine Programmschrift richtet sich deshalb auch gegen die Emporhebung des Nationalsozialismus zu einer „politischen Religion", die

---

1 Nicht so in den angelsächsischen Ländern. In Großbritannien ist der Staat bis heute, bekanntlich, christlich, und das Staatsoberhaupt, das von der Tagespolitik getrennt ist, oberster Hirte der Kirche.

den Blick auf seine Begründungsmechanik und damit auf die Ursachen seines Erfolges verstellt. Der Gefahr einer Wiederholung kann nur eine Bestimmung seines Ortes in der Geschichte der Philosophie entgegenwirken, die den Nationalsozialismus nicht als zivilisatorischen Unfall abtut, sondern als folgerechte Erscheinung der ersten Aufklärung der Weltgeschichte erkennt, die die Religion an sich verworfen hat. Dies zu skizzieren, ist die Aufgabe der vorliegenden Arbeit. Leider muß sie auf Differenzierungen verzichten, die Aufklärung, Rationalismus, Säkularisation und Materialismus in ihrer Entwicklung, in ihrer wechselseitigen Dynamik dargestellt hätten. Die ideologischen Differenzen zwischen den einzelnen Meinungsbildnern des Nationalsozialismus, diesem merkwürdigen Konstrukt aus fehlendem Wissen, mythischem Menschenhaß und imperativem Rationalismus, durften unberücksichtigt bleiben, weil Adolf Hitler die Richtlinienkompetenz besaß und letztlich von ihm das Wesentliche ausging oder von ihm autorisiert wurde.[2]

Wichtig ist mir der Hinweis, dass wir bei allem nicht vergessen dürfen, dass Kant die Verbesserung der Menschheit und ihr Glück im Sinn hatte. Seiner Philosophie eine moralische Verantwortung für die Entwicklung des Denkens im 20. Jahrhundert zuzumessen, wäre verfehlt, wenn auch seine optimistische Weltsicht, die das Böse ausklammert, wenig realistisch erscheint, denn das Böse manifestiert sich in der Geschichte in unübersehbarer, ja unfaßbarer Dimension. Aber seine Befreiung des Menschen aus der Unmündigkeit ist ein Herrschaftsversprechen, das Macht als Wesen der Beziehungen festschreibt. In seinem Rationalismus, der sich auch das Ethos unterwirft, ist das Kommende als Möglichkeit enthalten, eine philosophiegeschichtliche Achse aus der Königsberger Gelehrtenstube nach Dachau und Auschwitz!

Die Unterbrechung von Überlieferung, Voraussetzung des Mündigwerdens, schlug in der weiteren Entwicklung auf die Aufklärung selbst zurück, denn auch die Eigentradition (Vermittlung der Idealität des Menschenbildes Kants) wurde entwertet. Kalte Zweckmäßigkeit und zuletzt das

---

2 Meinen Überlegungen habe ich vor allem die Zentralschriften von Aufklärung und Nationalsozialismus zu Grunde gelegt, Kants „Was ist Aufklärung?" (1783) und Adolf Hitlers „Mein Kampf" (1925 und 1928) und sein „Zweites Buch" (1928, veröff.

Leben preisgebende Rationalität haben sich in der Entwicklung des Nationalismus des 19. und 20. Jahrhunderts durchgesetzt. Heute werden sie uns als „Transparenz" angepriesen, die zweckmäßig sei und alles durchsichtig machen will und dabei die Sicht auf die Dinge selbst verliert.

Kants Pflichtethik, die den Deutschen Idealismus einleitete, hatte bereits den Ausweg aus dem Nützlichkeitsdiktat seiner berühmten Aufklärungsdefinition gesucht. Aber eine Ethik, die vom räsonierenden Individuum abhängt, kann die Autonomie des Individuums nicht begrenzen, das nicht nur berechtigt ist zu tun, was vernünftig ist, sondern auch dazu verpflichtet. Hieraus leiteten die Schergen des Dritten Reichs ihren Anspruch ab, richtig, d.h. ethisch zu handeln. Die Diktatur der unbegrenzten Vernunft, die jedes Verbrechen zu rechtfertigen im Stande ist, wirkt sich zersetzend auf die Werte unserer Kultur aus. Weil alles begründet werden kann, wird es relativ und wertlos.

Die aufklärerische Selbstermächtigung des Menschen hat den Positivismus, also, verkürzt gesagt, den Glauben daran, dass gut ist, was der Gesetzgeber anordnet, grundgelegt und überwölbt das Dritte Reich und die Gegenwart. Menschen maßten sich an, darüber zu entscheiden, wer das Recht zu leben hat und wer nicht, und tun es noch heute. Ein Recht, das – eigentlich nach Überzeugung aller („Naturrecht") – keinem Menschen zusteht.

In der Nachfolge des Nationalsozialismus, im Strom der Aufklärung, ist es für uns besonders schwierig, uns zu den gemeinsamen Grundlagen zu bekennen und das fehlende Ethos und den reinen Rationalismus als Ursachen der großen Katastrophe des letzten Jahrhunderts zu erkennen. Diese Not hat der länger vergessenen Idee, dass der Nationalsozialismus eine Religion gewesen sei („politische Religion"), im akademischen Forum zugearbeitet. Sie zählt heute zum grundlegenden Konsens der Wissenschaft.

Dass diese Annahme die Vorstellung Kants vom Fortschreiten der Gesellschaft auf den Kopf stellt, wird als (systematisch unerlaubte) Ausnahme von der Regel akzeptiert: Die Herrschaft einer „Religion" sei ein zivilisa-

---

1961), sowie vereinzelt Programmschriften wie das Parteiprogramm der NSDAP von 1923 und Reden Rosenbergs.

torischer Rückfall in die Dummheit gewesen, so als ob die Menschen für zwölf Jahre plötzlich zu denken aufgehört hätten, das Dritte Reich also ein „Unfall" in der Geschichte.

Die Behauptung vom Nationalsozialismus als „politischer Religion" ist schon auf den ersten Blick fragwürdig. Tatsächlich hält sie einer religionsphänomenologischen Betrachtung nicht stand. Seine religiösen Formen bleiben Propagandamittel ohne Transzendenz und ein Parasitismus am Christentum. Die speziell die christliche Religion diskriminierende Behauptung der „politischen Religion" selbst entpuppt sich als ein Mythos, der die aufgeklärten Geister in ihrem Selbstverständnis bestätigt, Immanuel Kant nachfolgend. Er ist der Mythos des 21. Jahrhunderts, der die (Religionsdiskriminierung der) Aufklärung mit einem historischen Beweis ausstattet. In Wahrheit ist er jedoch ein Popanz, der der Selbstvergewisserung der aufgeklärten Gegenwart mehrfach zur Hand geht: als „Beweis" der Richtigkeit der Selbstermächtigung des Menschen über die Religion; als Anwendung der aufgeklärten Rezeptionsverweigerung, denn was am Nationalsozialismus für derzeit religiös gehalten wird, ist schon 1923 als Effekt der Psychologie der Massen von Sigmund Freud rational aufgeklärt worden; als Einkehr des Subjektivismus in die Wissenschaft, die für die These von der „politischen Religion" die Religionsphänomenologie und Theologie zugunsten selbstgemachter Gottesbegriffe hintansetzt; als zu Ende gebrachte Desavouierung der Transzendenz und Bestätigung von Materialismus und Immanenz.

Gemessen an der Bedeutung der These und ihren schwerwiegenden Implikationen – immerhin stürzt eine Tötungsideologie, die zur „Religion" avanciert, den bisherigen Religionsbegriff um – ist der Umgang mit der Verpflichtung erstaunlich robust, den Begriff der „politischen Religion" zu klären, einen möglichen Aspektbegriff nicht leichterdings zum Gesamtkonzept zu erheben, und, vor allem, was Wesen der Religion ist, zur Kenntnis zu nehmen. Politologen, Soziologen und Historiker verzichten aber genau darauf und reden auch noch darüber! Wenn Religion auf die Psychologie des Menschen und der Masse reduziert und diese Verdampfung von Wissen erkenntnistheoretisch als „normative Bindung", d.h. als erkenntnistheoretische Voraussetzung von Forschung, angeboten wird, ist dies der kühne Versuch, ein Vorurteil gegen Religion systematisch zu begründen, schon über den Religionsbegriff Verantwortung für das im Dritten Reich Geschehene einzuschleusen und die Erscheinung Hitlers als ein Kapitel des Schreckens in die Glaubens- und Religionsgeschichte einzuordnen. Philosophisch ist diese Argumentation nichts anderes als forcierte Aufklärungstechnik: Ersetzung von Überlieferung und Kenntnis durch subjektive Vorstellung und Auslegung.

Das Wesen von Totalität, die das Nichtanalytische, Mythische im Bewußtsein für sich aktivieren will, ist der Kern einer künftigen Theorie der modernen Despotien. Hans Maier sagte zurecht, es stehe eine Würdigung der geschichtsphilosophischen und -theologischen Deutungen der totalitären Regime noch aus.[3]

Zu dieser Theorie will die vorliegende Schrift beitragen, indem sie die Argumentation Adolf Hitlers mit den Grundsätzen der Aufklärung und mit der Phänomenologie von Religion vergleicht. Die Ergebnisse sind provokativ, ja anstößig: Die moderne westliche Gesellschaft und der Nationalsozialismus stellen sich demnach nicht als Gegensätze dar, sondern als eine sukzedierende Abfolge von Ausformungen von Säkularismus, Rationalismus und Materialismus. Der philosophische Ort des Nationalsozialismus befindet sich *im* Strom der Aufklärung. Drittes Reich und Gegenwart haben Grundsätzliches gemein: Sie sind entspiritualisiert, materialistisch, diktatorisch rational, einig in der Ablehnung der christlichen Religion, relativistisch, ohne verläßliches Ethos unbeschränkt in ihren Maßnahmen und brüskieren das Gute, das Immanuel Kant (und die Religion sowieso) für die Menschen im Sinn gehabt hat.

Die Ursprünge des Nationalsozialismus auch im Rationalismus der Aufklärung zu suchen, rührt an ein modernes Denkverbot, da er unser eigenes szientistisches, säkularisiertes Selbstverständnis und unser selbstgefälliges Gutmenschentum in Frage stellt. Wer ihn öffentlich denkt, wie einmal der verstorbene Erzbischof von Fulda Johannes Dyba, wird persönlich verdächtigt. Der Gebrauch des eigenen Verstandes wird, wenn er sich gegen die Aufklärung zu richten scheint, als zivilisatorischer Rückfall verurteilt, nicht weil er unlogisch und unsinnig ist und sich dann ja von selbst erledigte,

---

3 Hans Maier: Politische Religionen. Die totalitären Regime und das Christentum. Freiburg, Basel, Wien [1995], S. 29

sondern gerade weil er logisch und systemisch ist und die Gegenwart *in der Geschichte des Denkens* als Nachfolgerin des Nationalsozialismus erkennt und als eine Diktatur von Rationalität und Materialismus bloßstellt, die Werte und Sinn und Leben zerstört.

Der Verf.

1. Der Nationalsozialismus: icona logica der Aufklärung

Seit 200 Jahren wird die Vernichtung von menschlichem Leben als Akt der Humanität gerechtfertigt, von der Guillotine über die Gaskammern der Nationalsozialisten bis in die Gesetzgebung der Gegenwart über Embryonentötung und unbegrenzte Sicherungsverwahrung. „Aus Mitleid, aus Liebe zur Menschlichkeit seid unmenschlich" hieß es in der „Petition an den Nationalkonvent im Jahre II", die auf der Hinrichtung der gefangenen Konterrevolutionäre in Lyon bestand.[4]

Adolf Hitlers „Humanität" ist ebenfalls rational: Der „Drang zum Leben" werde „alle lächerlichen Fesseln einer sogenannten Humanität der einzelnen immer wieder zerbrechen", „um an seine Stelle die Humanität der Natur treten zu lassen, die die Schwäche vernichtet, um der Stärke den Platz [Lebensraum] zu schenken".[5]

Die Argumente der Gegenwart für die Tötung ungeborener Menschen („soziale Indikation", Behinderungen), die die Gesellschaft vor aus-

---

4 Zitiert nach Hermann Lübbe: Aufklärung und Terror. Geschichtsmetaphysische Voraussetzungen totalitärer Demokratie. In: 'Totalitarismus' und ‚Politische Religionen'. Konzepte des Diktaturvergleichs. Hrsg. v. Hans Maier. Paderborn, München, Wien, Zürich 1996 [Band 1], S. 402 (Politik- und Kommunikationswissenschaftliche Veröffentlichungen der Görres-Gesellschaft. 16.)

5 Hitler, Mein Kampf, S. 80 (Raubdruck), ich habe verschiedene Ausgaben des Buches benutzt, vor allem einen amerikanischen Raubdruck, der über das Internet bestellt werden kann. Die kommentierte Ausgabe von Christian Zentner war weniger ergiebig (München 2004, 17. Aufl.). Sie mutet dem Benutzer nur kleine Häppchen des in Deutschland verbotenen Buchs zu, stets eingebettet in Erläuterungen, so dass jeder Leser auch genau weiß, was er denken soll. Das Vertrauen in die Aufklärung, die das Subjekt als von Natur aus zum Selberdenken befähigt festgestellt hat, auf dass es seine Unmündigkeit überwinde, ist offensichtlich nach 230 Jahren Aufklärung in Deutschland nicht allzu groß. Genutzt habe ich auch online-Versionen, die heute von Nazis und islamistischen Fundamentalisten für ihre antisemitische Propaganda eingesetzt werden und sich nur wegen ihrer Suchfunktion empfehlen (hierzu s. Kapitel 4b). Wenn ich nicht auf den Raubdruck oder andere Präsentationen verweise, die den Text zum Original nicht seitentreu zeigen, zitiere ich aus der diplomatischen Volltextdatei unter http://www.downloadmeinkampf.com/downloads/Adolf%20Hitler%20-%20 Mein%20Kampf%20-%20German. pdf.

ufernden Lasten und das Tötungsopfer vor einer inhumanen Existenz bewahren will[6], verdanken sich derselben „humanitären Rationalität" wie die Argumente für die Schutzhaft von Schwerverbrechern, die nichts anderes als eine unblutige Lebensbeendigung durch finale Einkerkerung ist. Woher kommt diese Ethik des Tötens, die sich auf Vernunftgründe stützt und das Individuum so fundamental entrechtet, dass ihm sogar das Recht auf Leben bestritten wird?

Die Aufklärung ist, da sie sich selbst legitimiert, ein Glaubensstandpunkt. Ihre Richtigkeit entzieht sich dem Beweis, ihr Wissen wird geglaubt. Darauf beruht ihre geschichtsmetaphysische Perspektive, durch die der Betrachter weiß, wie die Menschheit künftig zu ihrer Natur finden wird, wie sie sich entwickeln soll. Wer dies weiß, „hat auch das Recht, ja die Pflicht, die entsprechenden aktuellen Fälligkeiten politisch verbindlich zu machen".[7]

Hermann Lübbe hat darauf hingewiesen, dass erst diese geschichtsmetaphysische Gewißheit die Politik terrorfähig gemacht hat. Feinde dürfen nicht mehr überzeugt oder geschont, sondern müssen vernichtet werden. Dieser Dogmatismus ist heute auch in der kategorischen Ablehnung der Religion, in ihrer Verurteilung und Verächtlichmachung sichtbar, denn sie stellt die Selbstlegitimierung der Aufklärung in Frage.

Als besonders konsequentes Exempel der aufklärerischen Kultur des Todes interessiert uns der Nationalsozialismus. Er sei ein historischer Unfall gewesen, ist die weitgehend unbestrittene Meinung unter Historikern und in der Öffentlichkeit. Sein philosophischer Ort im Strom der Aufklärung wird damit ignoriert, ein Denken, das auch unserem eigenen Bewusstsein vom Fortschritt widerspricht, den Auguste Comte (1798-1857) im „Gesetz der drei Phasen" theoretisch grundgelegt hat. Danach entwickelt sich die Gesellschaft fort von der kindlichen Religion über die jungenhafte Metaphy-

---

6 Im Jahr 2011 wurden für Deutschland 662.000 Geburten und 108.000 Abtreibungen erfaßt, d.h. 16% aller ungeborenen Kinder werden in der Gebärmutter getötet (http://de.wikipedia.org/wiki/Abtreibung#Statistik). Damit ist die Gebärmutter für Kinder der gefährlichste Ort der Welt. Die Zahl der weltweit Getöteten soll jedes Jahr über der Zahl der Opfer des Zweiten Weltkrieges liegen.

7 Hermann Lübbe S. 407

sik zur männlichen, positiven Wissenschaft. Es ist wohl kaum zu bestreiten, dass wir uns heute am Ende oder auf dem Höhepunkt dieser Entwicklung sehen, also auf adulter Höhe reiner Wissenschaftlichkeit und überlegener Rationalität. Schon deshalb findet es breite Zustimmung, dass der National-sozialismus „unvernünftig" und Hitler ein unfähiger Dummkopf gewesen sein müsse. Was bedeuten soll, dass diese Erscheinung in der Entwicklung der Menschheit, die ja 1932 zweifellos aufgeklärt war und sich, wie extrem die politischen Parteien auch waren, immer nach Prinzipien der Vernunft zu organisieren trachtete, als meteoritenähnliche Singularität vom Himmel gefallen sein soll. Der Nationalsozialismus sei „einzigartig", so Schoeps und Ley.[8]

Wenn die Aufklärung in ihrer historischen Dynamik, wie sie Kant selbst auch festgelegt hat, gelten soll, dann verbietet sich die Behauptung zunächst von selbst, der Nationalsozialismus sei ein zivilisatorischer Rück-fall ins Mythische und Religiöse gewesen. Wenn das Dritte Reich, das die Welt in einen Vernichtungskrieg stürzte, aber nicht hinter die erkenntnistheo-retische Entwicklung zurückfallen konnte, müßte es eine Erscheinungsform eben dieser Entwicklung, der Aufklärung, gewesen sein. Und tatsächlich erweist sich die Weltanschauung Adolf Hitlers als im Kern rationalistisch und materialistisch, wie wir sehen werden. Sie favorisiert das Subjekt (als Genträger), und sie profitierte vom wissenschaftlichen Fortschritt, der heute oft etwas vorschnell generell als pseudowissenschaftlich abgetan wird. Die „Rassenlehre" stützte sich auf die neuesten Erkenntnisse von Vererbung und Genetik. Der Überlebenskampf der Völker, das große Bühnenbild des von den Nazis beschworenen Weltendramas, wäre sinnlos ohne den Transfer des wissenschaftlich abgesicherten biologischen Prinzips Darwins vom survival of the fittest in die Gesellschaftslehre. Das, was überlebe, sei – das ist die Auslegung des Sozialdarwinismus, wenn auch nicht die Darwins – auch das Richtige und Gute. Adolf Hitler: „Wenn eine Idee an sich richtig ist und, in solcher Weise gerüstet, den Kampf auf dieser Erde aufnimmt, ist sie unbe-

---

8 Der Nationalsozialismus als politische Religion. Hrsg. v. Julius H. Schoeps u. Mi-chael Ley. Bodenheim 1997, S. 7 (Studien zur Geistesgeschichte. Hrsg. v. Julius H. Schoeps, Moses Mendelssohn Zentrum für europäisch-jüdische Studien, Universität Potsdam. 20.)

siegbar und jede Verfolgung wird nur zu ihrer inneren Stärke führen."[9]

Die „Wirklichkeitswissenschaften" und ihr reiner, materialistischer Szientismus dienen diesem Ideal und haben zur Ausbildung der braunen Ideologie und der Vorstellung von der Person als Architektur chemischer Bestandteile beigetragen. Ganze Disziplinen wie die rassisch inspirierte Psychosomatik, die die Wechselwirkungen zwischen Geist/Bewußtsein und Körper zu beweisen sucht, erhielten, umgekehrt, vom Nationalsozialismus einen starken Entwicklungsimpuls.

Materialismus und Naturwissenschaft liegen naturgemäß eng beieinander. Materialistische Lehren, wie der Sozialismus, beanspruchen gern, „wissenschaftlich" zu sein, selbst wenn sie mythische Ziele benennen. Das Wohlergehen des Kollektivs ist das Glück des Individuums, um nur ein Beispiel anzuführen. Daraus zu folgern, eine solche Lehre sei „religiös", würde zurecht als überzogen und übertrieben gelten. Im Falle des Dritten Reiches ist klar zu erkennen, dass mythisches Pathos, religiöse Zitate wie „die Vorsehung" und sakrale Symbole rationales, propagandistisches Mittel zur Erreichung der Ziele blieben. Es ging gerade nicht um die Errichtung eines Gottesstaates oder um Verwirklichung einer Theologie mit transzendenten Zielen oder um die Erringung eines himmlischen Jerusalem, sondern um den handfesten Sieg einer biologischen Rasse und die irdische Sicherung von Territorien im Osten. Religiöse Attitüde war Verkleidung, ein Tribut an die Psychologie der Massen, auf Mechanismen ausgerichtet, die der Masse qua menschlicher Kondition eignen. Diese kommen auch in der Geschichte der Religion vor, natürlich, aber sie sind deshalb noch nicht „religiös", sondern bleiben eine anthropologische Gegebenheit. Um Deutschland vom Marxismus zu befreien und zu retten, sei, so Adolf Hitler, eine Voraussetzung, der Masse ein Programm zu bieten, „das unabänderlich ist, einen politischen Glauben, der unerschütterlich ist". [10] Denn: „Die breite Masse ist blind und dumm und weiß nicht, was sie tut."[11] Demnach ist der Nationalsozialismus keine auf Überweltliches gerichtete Religion, sondern eine auf die Innenwelt gerichtete Ideologie, auch wenn sie sich religiöser Rede bedient

---

9 Adolf Hitler: Mein Kampf, S. 385

und einen religiös wirkenden Eifer entwickelt und entfacht hat, um bestimmte politische Ziele durch wirksame Propaganda zu erreichen.

Die Psychoanalyse hatte schon vor dem Aufkommen des Nationalsozialismus die Wirkungen beschrieben, die der Diktator sich zu Nutze machte.[12] Wenn der heutige Diskurs der Historiker den Nationalsozialismus diese als „Religion" durchgehen läßt, ist dies selbst eine Wirkung der Aufklärung, die darin ihre wissenschaftliche Ekstase findet. Die Bezichtigung „der Religion", Monstrositäten wie den Hitlerismus hervorbringen zu können, kann kaum anders als eine sich selbst erfüllende Bestätigung des Religionsverbotes Kants und als Verteidigung der Selbstlegitimierung der Aufklärung verstanden werden.

Im Lichte seiner philosophischen Voraussetzungen ist das Dritte Reich durchaus kein Unfall der Geschichte, sondern ein (wenn auch extremes) Kapitel, das sich in die Geschichte des Denkens bzw. in die Geschichte der Aufklärung einordnet. Der Materialismus, der sich im Gefolge der Aufklärung erstmals aller Fesseln entledigen konnte, hat auch den Menschen zum Ding gemacht, das getötet werden darf. An die Stelle eines Ethos, das unveränderlich über den wechselnden Vernunftgründen steht, ist eine vernunftargumentierende und deshalb wechselnde Ethik getreten, die die Tötung von Menschen sogar als ethisch geboten darzustellen weiß und die im April 1945 mit dem Dritten Reich keineswegs verschwunden ist. Diese „rationale Humanität" gehört zu den Grundlagen der entspiritualisierten westlichen Gesellschaften.

Es spannt sich ein Bogen in der Geschichte des Denkens: von den enthusiastischen, das Menschenglück fördernden Aufklärern, die dies durch Rationalismus zu erreichen glaubten, über die Nazis, die diesen Rationalis-

---

10 Hitler. Reden. Schriften. Anordnungen: Februar 1925 bis Januar 1933, hrsg. v. Institut der Zeitgeschichte. München, London, New York, Paris, Band VI, 2003, zitiert nach Ian Kershaw: Hitler. Stuttgart 2000, Bd. 1, S. 368

11 Hitler. Reden. Schriften. Anordnungen. Hrsg. u. kommentiert v. Clemens Vollhals u. vom Institut für Zeitgeschichte. München, London, New York, Paris 1992, Bd. 1, S. 315

12 S. Kapitel 4f

mus ganz losgelassen und zur vollständigen Säkularisation der Gesellschaft vorangetrieben haben, bis in unsere Gegenwart, in der auch wir das Recht zu leben, das die Höhe einer Zivilisation markiert, unter das Diktat der Vernunft stellen. Das Diktatorische der Vernünftigkeitsforderung Kants, das uns bei Adolf Hitler in seinen Argumentationen zur „Vernünftigkeit" der Ausrottung der Juden und anderer Bevölkerungsgruppen wiederbegegnet, prägt auch unsere Gegenwart. Die Rationalität des politischen Alltags wird heute immer offener despotisch. Immer öfter werden Entscheidungen von praktisch allen Parteien als „alternativlos" der Bevölkerung aufgezwungen (wie die „Rettung" der Euro-Währung[13]).

Eine kürzliche repräsentative Untersuchung unter Schülern, der ersten geborenen Internet-Generation, die zweckmäßige Transparenz der Überlieferung vorzieht, ergab, dass diese heute Demokratie und Diktatur nicht mehr auseinanderzuhalten verstehen.[14]

a. Materialisierung des Denkens

Der Politologe Claus-Ekkehard Bärsch behauptete 1998 in seinem Buch „Die politische Religion des Nationalsozialismus", in den Schriften der Nazis sei „schlechte Wahrheit und keine Vernunft zu erkennen".[15] Doch das Gegenteil ist der Fall: Nur weil wir heute den Geist des Nationalsozialismus vor allem wegen seiner Verbrechen an der Menschheit zurecht ablehnen, muß dies nicht heißen, dass er keinen Anspruch auf Wahrheit und auf Vernünftigkeit erhoben hat. Es ist naiv zu glauben, dass eine so gefährliche,

---

13 Damit ist nicht notwendigerweise gesagt, dass das, was aufgezwungen wird, falsch wäre und dass die Rettung der Währung durch Vergrößerung der Geldmenge falsch wäre, aber die sog. Alternativlosigkeit ist ein skandalöser Zwang, der die Bürger, die sich doch durch Gebrauch ihres eigenen Verstandes zu bedienen angehalten sind, in eine neue Unmündigkeit wirft.

14 F.A.Z., 7./8. Juli 2012, S. C4, „Studenten sind unsicher, wann der Zweite Weltkrieg war"

wirksame Ideologie durch Dummheit überzeugt habe und erfolgreich werden konnte. Tatsächlich beruht das Weltbild auf einer weltanschaulichen Idee (dem ewigen Kampf der Völker um Lebensraum), die, wie jede andere auch, *ihrer ideologischen Natur nach* nicht widerlegbar ist. Die auf ihr aufbauende argumentative Logik (Verbesserung des Genoms, Tötung von Trägern unerwünschter Erbanlagen) erfüllt die Anforderungen der reinen Rationalität und ist nicht anders vernünftig, als der Raub von Geld für den Dieb von unwiderlegbarer Vernünftigkeit ist.[16]

Der Nationalsozialismus ist aber nicht nur „vernünftig" im Sinne der Zweckmäßigkeit Immanuel Kants, sondern er beansprucht auch die Wahrheit für sich, die jede Argumentation für sich reklamiert, die den Anforderungen der Logik genügt. Dass die Ethik der Aufklärung bzw. der aufgeklärten Praxis des 19. und 20. Jahrhunderts und der kategorische Imperativ dagegen keine Grenzen zu ziehen vermögen, will ich noch genauer zeigen.

Im Folgenden soll es darum gehen, dass und auf welche Weise der Nationalsozialismus den rationalen Anforderungen der Aufklärungsphilosophie entspricht und dass ihr Materialismus, der das Leben rationalisiert, die Grundströmung des Dritten Reiches ist.

Das Grundgesetz der Moderne lautet bekanntlich: „Aufklärung ist der Ausgang des Menschen aus seiner selbst verschuldeten Unmündigkeit."[17] „Unmündigkeit ist das Unvermögen," heißt es bei Kant weiter, „sich seines Verstandes ohne Leitung eines anderen zu bedienen". Die Vernunft habe

---

15 Was „schlechte" Wahrheit ist, ist nicht einfach zu denken. Wahrheit ist bekanntlich richtig, falsch oder nicht vollständig, aber weder gut noch schlecht. Claus-E. Bärsch: Die politische Religion des Nationalsozialismus. Die religiöse Dimension der NS-Ideologie in den Schriften von Dietrich Eckart, Joseph Goebbels, Alfred Rosenberg und Adolf Hitler. [München 1998.] S. 9

16 Genauer betrachtet ist der Nationalsozialismus sogar „vernünftiger" als gewöhnliche Verbrechen, da diese niemand, die Diebe selbst nicht, zur Kategorie erheben würde. Der kategorische Imperativ, der die kleinen Schandtaten verbietet, fördert, wie noch zu sehen sein wird, die großen, die zur Kategorie erhoben werden können.

17 Immanuel Kant: Beantwortung der Frage: Was ist Aufklärung?, in: Berlinische Monatsschrift 1783, Dez., digital in diplomatischer Fassung verfügbar unter http://korpora.org/Kant/aa08/033.html (als Teil des Gesamtwerkes unter http://korpora.zim.

den Verstand und dessen zweckmäßige Anstellung zum Gegenstand."[18] Über die Zweckmäßigkeit des Verstandes ist die Vernunft an die mit Händen greifbare und beweisbare Wirklichkeit gebunden, an Ziele und damit an Erfahrung und Materie. Wirklichkeit muß in der Folge als eine Objektivität gedacht werden, die der Erkenntnis zugänglich ist. Erkenntnis und damit das Bewusstsein verdanken sich dieser materiellen Wirklichkeit. In der Folge änderte sich der Wissenschaftsbegriff: Die Idee der Erfahrungswissenschaft setzte sich durch („Naturwissenschaften").

Aufklärung verspricht die Freiheit des Subjekts durch Benutzung seiner Verstandeskraft, die auf Zwecke ausgerichtet ist. Freiheit, die aus „Zweckmäßigkeit" von Vernunft und Verstand hervorgeht, bedeutet eine Entspiritualisierung und Materialisierung des Denkens.[19] Das Handeln, das den Menschen zu Freiheit und Herrschaft leitet, ist zunächst von allen, auch geistigen und ethischen Beschränkungen losgesprochen, außer eben von der, für den Menschen „vernünftig", also „zweckmäßig" zu sein.[20] Die Transzendenz als Bedingung der Möglichkeiten ethischen Handelns gibt es zwar bei Kant, aber sie beschränkt ihn nicht: Ziel ist seine „Glückseligkeit". Auch wenn diese nicht ohne Gott gedacht werden kann, bleibt der Gedanke als anthropologischer Nexus systematisch schwach und im Hintergrund des Donners der Fundamentalsätze, die die Freiheit des Subjektes verkünden.

Der Philosophie Immanuel Kants ist, wenn wir ihre Wirkungen im 19. und 20. Jahrhundert Revue passieren lassen, zu Gute zu halten, dass sie eine Utopie ist. Wäre die Wirksamkeit der zweckhaften Vernunft „der Freiheit des Geistes des Volks" tatsächlich „vorteilhaft", so der Königsberger Philosoph, würde diese Freiheit wirklich die Regierungen darauf bringen, „den Menschen, der nun mehr als Maschine ist, seiner Würde gemäß zu behandeln" und würde sich die „Sinnesart" des Menschen veredeln[21], hätte

---

uni-duisburg-essen.de/Kant/, das die Bände 1-23 der Akademie-Ausgabe der Werke des Philosophen reproduziert), das Zitat steht auf S. 35.

18 a.a.O.

19 Die metaphysischen Zugeständnisse Kants an ein mögliches „höchstes Wesen" haben die säkularisierende Wirkung seiner Definition von Aufklärung, die über die Geschichte als Lawine hinweggerollt ist und vieles unter sich begraben hat, kaum behindert.

die aufgeklärte Epoche die Welt verbessern müssen. Die Reduzierung der Erfahrung von Welt auf eine Vernunft, die zweckmäßig sein muß, hat in ihren historischen Wirkungen jedoch etwas Gewalttätiges. Tatsächlich beruhen moderne Beziehungen vornehmlich auf Macht, auf einem „Funktionieren", das ein Sichunterordnen von Personen ist, statt des Sichbeziehens auf Personen. Diese Mechanisierung der Gesellschaft hat den Verbrechen, die zu allen Zeiten an den Menschen verübt wurden, in den beiden aufgeklärten Jahrhunderten ganz andere Maßstäbe ermöglicht und einer Inhumanität Raum gegeben, die den schönen Glauben an die Verbesserung des Menschengeschlechts aus der Selbstermächtigung des Individuums widerlegt.[22]

Zweifellos hat das neue Denken die westlichen Gesellschaften auch in einem nie gekannten Maß modernisiert. Das Mythenverbot der Aufklärung ermöglichte eine Rationalisierung, die die Gleichschaltung des Individuums in industrialisierte Arbeitsprozesse, in die technologische Erziehung und in seine Vereinzelung vor den Bildschirmen vorbereitete. Die Leugnung des Mythischen, das der Sinn ist, wie wir ihn in der Familie, in einer Lebensaufgabe und in der Erzählung unserer Biographie erfahren (und der allein uns frei machen kann), ist der Preis für diese Modernisierung. Wahr („objektiv") soll jetzt nur sein, was das Subjekt durch sein fehlerhaftes Rechnen und Messen beweisen kann, als sog. Szientismus ein zu hinterfragender Wissensglaube. Alles andere sei „subjektiv" und könne keinen Anspruch auf Wahrheit erheben, also all das, was wir nicht anfassen (nicht „begreifen") können, Liebe, Hoffnung und Freude, die Essenz unseres Daseins, ein geistiger Sinn unseres Lebens, der, weil wir ihn nicht beweisen können, aber deshalb kein blinder Glauben ist, der, weil wir ihn wissen, ein Glaubenswissen ist.

Der Kern der Aufklärungstheorie ist logisch nicht durchgehend stark. Dem alles begründenden Beweis entzogen ist nämlich das Dasein der

---

20 Vom kategorischen Imperativ handelt der nächste Absatz.

21 Immanuel Kant: Was ist Aufklärung?, S. 41f.

22 Im 19. Jahrhundert ließ der belgische König seinen Gummiarbeitern im Kongo zu Tausenden die Hände abhacken, um die Bevölkerung zu besseren Ernten zu zwingen. Der amerikanische Industrielle Frick ließ seine hungernden und streikenden Fabrikarbeiter niederkartätschen. Beispiele für die effiziente Vernichtung von Menschen in der Epoche der hochzivilisierten Nationalstaaten gibt es viele.

Vernunft selbst – als wie auch immer gedachte, individuelle oder universale Kraft, die den Verstand anleitet. Auch für die Richtigkeit des Axioms modernen Denkens, dass Wissen allein auf Beweisen gründe und nicht auch auf dem Beweis Entzogenen wie Erfahrung, Intuition und Spiritualität, gibt es selbst keinen Beweis. „Die Vernunft" und die Beweisbarkeit („Anschauung und Begriff") als exklusives Kriterium für Wahrheit sind folglich zwei neue Mythen. Die Aufklärung, die die Mythen zu Gunsten von Verstand und Analyse kategorisch verbietet, kommt selbst ohne Mythen nicht aus.[23]

Dies ist kein Schönheitsfehler einer sonst perfekten Theorie, sondern ein Konstruktionsfehler im Fundament der ersten Aufklärung, die die Religion nicht zurückgedrängt, sondern sich von ihr ganz freigesprochen hat. Die griechische Antike als eine der frühen Aufklärungen ordnete ihr Wissen in einen kosmischen Zusammenhang ein, die Renaissance in die christliche Religion. Jetzt aber riß der Materialismus, die Entspiritualisierung, alle Dämme weg, die ihn noch begrenzt hatten. Das Leben ist Materie, rational und deshalb verfügbar geworden, ohne dass das in industrialisierte Arbeitsprozesse alternativlos eingespannte Individuum damit die verheißene Freiheit erlangen könnte. Der Dauerdiskurs um die Verteilung der Güter, die die moderne, aufgeklärte Auffassung von „Gerechtigkeit" ist, ist ein Aspekt dieser neuen Unfreiheit. Die Materialisierung des Lebens zeigt das Unentrinnbare, Diktatorische der Aufklärung, wie sie uns durch den Lauf der Geschichte hindurch erreicht hat, ihre Totalität, das Zwanghafte und das Zerstörerische ihrer Rationalisierung. Seit 200 Jahren hofft der moderne Mensch, durch die Zweckmäßigkeit seines Handelns Herr über die Welt zu werden. Seine Herrschaft über die Materie soll ihn von ihr befreien. Ein banaler Irrtum, denn was er beherrscht, wird er niemals los.

---

23 In einem dem kürzlich verstorbenen Philosophen Kurt Hübner gewidmeten Aufsatz habe ich die Analogie der beiden Bilder dargestellt, in denen Physik und Religion Ursprungswirklichkeit (von Materie und Geist) beschreiben und die eine logisch problematische Singularität darstellen (Elementarteilchen und Heilige Dreifaltigkeit). Die Analogie, die durch die Anerkennung der Evolutionstheorie in den Kanon der

b. Aufklärung – Ethik ohne Ethos

„Handle nur nach derjenigen Maxime, durch die du zugleich wollen kannst, dass sie ein allgemeines Gesetz werde."[24] Mit seinem „kategorischen Imperativ" hat Immanuel Kant das Handeln aus Anschauung und Begriff zwar unter eine Autorität, eine praktische Ethik, gestellt. Diese Bedingung des Handelns ist aber ein Wissen des Menschen selbst und kein Erguß einer vom Menschen unabhängigen Autorität. Die Bedingung der Möglichkeit ethisch zu handeln sei „die Vernunft", die er zwar übersinnlich (von den Sinnen unabhängig) denkt, aber nicht überweltlich. Der Mensch wisse „von selbst", was er tun solle, um seine transzendente Glückseligkeit zu erlangen. Deshalb sei das Gewissen der Vernunft untergeordnet. Die Freiheit ergebe sich aus der Toleranz, das heißt, „sich in allem, was Gewissensangelegenheit [ist], seiner eigenen Vernunft zu bedienen".[25]

Was diese Anleitung aus dem Jahre 1783 praktisch bedeuten kann, hat nicht lange auf sich warten lassen. Im Jahre II der Revolution (1790/1791), also noch zu Lebzeiten Kants, forderten die Revolutionäre in der eingangs erwähnten „Petition an den Nationalkonvent" die Hinrichtung der gefangenen Feinde „aus Liebe zur Menschheit": „So läßt auch der Chir-

---

Beweistechniken aufgerückt ist, hat die erkenntnistheoretische Folge, dass das Axiom nicht wahr sein kann, wenn nicht auch das Dogma, das der Konzeption des Elementarteilchens entspricht, Wirklichkeit zutreffend kennzeichnet. Die Analogie von Mythos und Wissenschaft wird man weniger abenteuerlich finden, wenn man bedenkt, dass beide Modelle dieselbe eine, physikalisch einursächliche Wirklichkeit darstellen. Auch sind beide notwendiger Teil des andern: Auf die Entzauberung der Welt durch das Rechnen auf der Grundlage von Axiomen folgt ihre Wiederverzauberung, weil im physikalischen Erfolg der Rechnung die Wahrheit der unbeweisbaren Axiome erstrahlt (Vom Elektron zur Heiligen Dreifaltigkeit Gottes. Die Einheitlichkeit der einursächlichen dualen Welt in der Drei-Säulen-Analogie von Axiom und Dogma und die Katholizität des Wissbaren. Gotteserweis. In: Das Geheimnis der Wirklichkeit. Kurt Hübner zum 90. Geburtstag. Festschrift hrsg. v. Volker Kapp und Werner Theobald. Freiburg, München 2011, S. 410ff.).

24 Kant GMS, B 52

25 Immanuel Kant: Was ist Aufklärung?, S. 40

urg unter seinem grausamen und wohltätigen Messer das zerfressene Glied fallen, um den Körper des Kranken zu retten".[26]

Vernunft rechtfertigte also Tötung. Im „Dritten Reich" galt es als vernünftig, Menschen mit bestimmten genetischen Merkmalen „auszumerzen", d.h. zu töten, weil sie, so die kategorische Begründung, den Genpool des Volkes und seine Chance im Überlebenskampf der Völker schwächten. Der Massenmord war damit „vernünftig" geworden und, weil er den Volkskörper vor dem Untergang schützte, geboten und damit sogar „ethisch". Der kategorische Imperativ konnte keinen Schutz bieten, denn die Vernichtung von jüdischen, homosexuellen u.a. Menschen war ja eine Maxime, durch die ja gerade gewollt war, „dass sie ein allgemeines Gesetz werde".

Der Massenmörder Lenin hat die Sache in einem berühmten Zitat auf den Punkt gebracht: den „Guten" sei alles erlaubt. Die „Guten" sind als Vertreter irgendeiner kategorischen Idee (wie die kommunistische Welteroberung) zu verstehen, die sich, so kraus sie auch sein mag, mit Gründen der Vernunft in ein System, also zu einer Kategorie erhebt. Weil Aufklärung, bis heute, das ist, was die Vernunft zu rechtfertigen und zu einer Kategorie zu erklären vermag, gibt es für das Handeln keine ethischen Grenzen mehr.[27]

Der kategorische Imperativ der Aufklärung kann dem Verbrechen also keinen Einhalt gebieten: Wenn das Verbrechen aus Prinzip geschieht, wird es selbst zum kategorischen Imperativ. Nichts konnte den Menschen und nichts kann ihn bis heute an Handlungen hindern, die er kraft seiner Intelligenz als vernünftig zu begründen weiß. Ein echtes Ethos bewirkt aber genau dies. Es ist auch dann noch bindend, wenn ihm das ideologische, politische, wirtschaftliche oder ein beliebiges anderes Kalkül widerstreitet. Ein Ethos, das das Leben schützt, kann irrational sein, Ethik dagegen rationalisiert die Gesellschaft.

---

26 Zitiert nach Hermann Lübbe, S. 402

27 Der aufklärerische Glauben, dass Unabhängigkeit des denkenden Individuums und Pflichtbewußtsein seine Moral stärke, wurde früh, durch Hegel und andere, in Frage gestellt. Vernünftiges, also Zweckgerichtetes, ist moralisch neutral bzw. kann de facto beides sein, ethisch oder unethisch. Marquis de Sade, der große Schilderer sittlichen Verfalls zu Zeiten der Französischen Revolution, lässt seine Romanfigur Juliette rational und zweckorientiert handeln: Sie begeht, um ihre Lust zu befriedigen, alle

Dass der philosophiegeschichtliche und erkenntnistheoretische Zusammenhang zwischen Aufklärung und Nationalsozialismus in der Forschung nicht gesehen wird, wo er doch auf der Hand liegt, nämlich wenn es um die Erklärung der Anziehung des Nationalsozialismus und seinen „ethischen" Anspruch geht, erhellt aus einer Bemerkung von Hans Maier. Er erkennt zu recht, dass die Täter „sogar ihren ‚Anstand' behalten", aber seine Deutung bleibt technisch-praktisch und lotet die Tiefe des Zusammenhangs nicht aus. Die Täter seien „durch die Geschichte gerechtfertigt", also durch eine Technisierung der Vernichtung, die sie Abstand halten, Anstand behalten läßt.[28]

Das Vernunftcredo der Moderne führt auch deshalb in die Irre, weil Duldung, die ohne festen Standpunkt und variabel ist, wie die Ratschlüsse der Vernunft es unentwegt sind, nicht von selbst Toleranz führt, sondern zu Beliebigkeit, Gleichgültigkeit und Orientierungslosigkeit, nicht zur standfesten Freiheit aus eindeutigem Bekenntnis, sondern zur Relativierung und zur Verwirrung der fundamentalen Begriffe des menschlichen Zusammenlebens.

In den beiden aufgeklärten Jahrhunderten wurde fast jede nur vorstellbare Gewalttat und Pervertierung sittlicher Vorstellungen Wirklichkeit – von Vernunftgründen gerechtfertigt. Weil das natürliche Empfinden sich auf Greueltaten, trotz angeführter rationaler Gründe, d.h. auf das Fehlen eines Ethos, dennoch nicht einzustellen vermochte, kam die Vorstellung auf von der „Würde des Menschen". Bereits die Programmschrift Kants „Was ist Aufklärung?" schließt ihre Überlegungen damit, dass die Freiheit des Denkens „auf die Grundsätze der Regierung" zurückwirke, die es dann selbst zuträglich finde, den Menschen „seiner Würde gemäß zu behandeln".[29]

Delikte, die man sich nur denken kann. Sie setzt ihren Verstand ein, um ihre Ziele zu erreichen, handelt im Sinne der Aufklärung: zweckmäßig, vernünftig – und deshalb „ethisch". Auf de Sade als frühen Gegenaufklärer haben bereits Max Horkheimer und Theodor W. Adorno hingewiesen in: Die Dialektik der Aufklärung. Philosophische Fragmente. Amsterdam 1947, S. 100 ff.

28 S. 42

29 Immanuel Kant: Was ist Aufklärung?, S. 42

Eine Würde, die wegen der Abwesenheit der Religion von nichts als nur der Vernunft abhängt, ist durch nichts garantiert. Der Philosoph fügte an, dass „die Natur" den Menschen längst von fremder Leitung frei gesprochen und zum Gebrauche seiner Vernunft aufgerufen habe.[30] Das bedeutet, dass an die Stelle einer „Humanität der einzelnen" „die Humanität der Natur" trete – was man für die Fortsetzung des Zitates von Immanuel Kant halten könnte, stammt von Adolf Hitler.[31]

Statt eines das Leben absolut stellenden Ethos, das einer Diktatur der auf die Natur zurückgehenden Vernunftgründe vorbeugt, besitzen wir heute nur noch eine Ethik, die vom kulturellen, politischen und wirtschaftlichen Diskurs geprägt und vom schwankenden Comment der Gesellschaft festgelegt wird, der sich oft ausdrücklich auf Biologie und Natur beruft. „Die Würde des Menschen ist unantastbar", heißt es noch heute im Grundgesetz, aber die Todesstrafe war damit ebenso vereinbar (in der Verfassung des Landes Hessen gibt es sie noch immer) wie, bis heute, die Tötung von Personen, die nur den Fehler begangen haben, noch nicht geboren zu sein. Die moderne Humanitätsethik ist Teil der Rationalisierung der Welt, sie dient ihr sogar (statt sie zu beschränken), denn sie beruhigt das Subjekt, falls sich doch einmal Zweifel an der Richtigkeit der modernen Weise, in das Leben einzugreifen, regen.

Aufklärung ist die Aufforderung an den Menschen, sich durch zweckmäßigen Gebrauch seines Verstandes, der seine Natur verwirklicht, aus seinen Abhängigkeiten zu befreien, sich die Welt untertan zu machen. Bewirkt hat sie im Verlauf der Geschichte die Herrschaft des Subjekts in der Materie, die Werte und Ethos relativiert hat.

---

30 Immanuel Kant: Was ist Aufklärung?, S. 35

31 Zum Bezug von Hitlers Menschenbild auf Kants philosophische Begriffe s. ausführlicher unten in Kapitel 2. Das (dort vollständige) Zitat ist entnommen „Mein Kampf", zitiert nach dem erwähnten amerikanischen Raubdruck (S. 80).

c. Die Verheißung der Aufklärung

Wenn also die Aufklärung uns des jüdisch-christlichen Ethos beraubt hat, könnte dies durch die Erfüllung ihres grandiosen Freiheitsversprechens womöglich aufgewogen werden? Ob die behauptete Befreiung aus Abhängigkeiten und eine Freiheit aus Herrschaft möglich sind, hängt freilich an der Stichhaltigkeit der Grundannahme, dass die Dualität von Geist und Körper keine Dualität des Geistes Gottes in der Welt sei, sondern aus der Materie allein hervorgehe.[32] Diese homologe Idee ist der Stoff, aus dem die Aufklärung die Selbstermächtigung des Menschen formt und durch den er sich aus seiner „Unmündigkeit" selbst befreien, herrschen und unabhängig sein könne.[33]

Wie aber soll der Mensch mehr können als die ihn umgebende Materie, wenn er selbst von ihr ist? Bedarf die Logik an dieser Stelle nicht wieder eines Geistes, der den Menschen zur Freiheit, die Herrschaft erfordert, befähigt? Die „Natur" sei es, sagt Kant, die dem Subjekt zu eigen sei, seine „Naturgaben" ein Zirkel: Die Behinderung der Aufklärung sei „ein Verbrechen wider die menschliche Natur, deren ursprüngliche Bestimmung gerade in diesem Fortschreiten besteht".[34] Lassen wir hier beiseite, dass der Philosoph an die Stelle der Letzterklärung der Religion (Gott), die er wegen ihrer Unbeweisbarkeit ablehnt, etwas setzt (die Natur, die den Menschen zur Herrschaft beruft), das ebenfalls eine Letzterklärung ist, die sich ebenfalls dem Beweis entzieht. Lassen wir beiseite, dass die Geistlichen, die angeblich das Volk bevormunden durch das „Beschwören eines Symbols"[35], sofortigen Er-

---

32 Dass diese Annahme sich nicht mit der Logik der Begriffe in Übereinstimmung bringen läßt, habe ich in einer Kurzschrift nachgewiesen: Die Einheit der Wirklichkeit in logischer und mathematischer Formalisierung. Die erkenntnistheoretische Aufwertung der Analogie durch die Evolutionstheorie als Grundlegung der Anwesenheit Gottes im naturwissenschaftlichen Weltbild. Frankfurt a.M. 2013. 33 S.

33 Immanuel Kant: Was ist Aufklärung?, S. 36

34 ebda., S. 39 u. S. 36

35 ebda., S. 38

satz durch die Aufklärungsphilosophen finden, die das Symbol der „Natur"
beschwören und das anthropologische Erfahrungs- und Handlungsspektrum
zu Gunsten der Vernunft diskriminieren. Lassen wir beiseite, dass sich die
Selbstbegründung der Aufklärung direkt auf „heilige Rechte der Menschheit" beruft und dass das moderne Denken damit wenigstens so diktatorisch
ist, wie sie es der Religion zu sein vorwirft.[36]

Sowenig das Denken der Gegenwart also außerhalb seines sich
selbst bestätigenden Argumentationszirkels logisch begründet werden und
sowenig es für sich auf das verzichten kann, was es der Religion anlastet,
nämlich auf unbeweisbare Voraussetzungen, sowenig der Überlegenheitsgestus der Philosophie gegenüber der Religion sich als zutreffend erweist, so
sehr muß uns heute interessieren, im historischen Augenblick des Triumphes
der Aufklärung, ob sich ihr Versprechen von Freiheit und Glück wenigstens
innerhalb ihrer eigenen Logik erfüllt hat bzw. grundsätzlich erfüllen kann.

Von keinem göttlichen Geist befähigt, könne der Mensch, ganz Materie, seine „Glückseligkeit" erreichen, in der Immanuel Kant die Selbstermächtigung des Individuums sich aufgipfeln sah. Nun ist eine „Glückseligkeit" ihrem Begriff nach zeitlich unbegrenzt, ewig und deshalb nicht von
dieser Welt, transzendent. Wie aber kann der Mensch, der ganz Materie sei,[37]
ein geistiges Ziel erreichen oder sogar einen transzendentalen Zustand erlangen? Besitzt die Materie doch ein nichtmaterielles Potential, das der Unabhängigkeit und Freiheit des Menschen widerstreiten würde? Genau dies
schließt die Aufklärung mit der Selbstermächtigung des Subjekts durch
zweckmäßigen Gebrauch seines Verstandes aus, mit der er sich die Glückseligkeit selbst erwirkt.

Die Lage wird ganz eindeutig, wenn wir die Wesensverschiedenheit
von Materie und Geist mit Mitteln der Logik bestimmen und uns nicht damit
aufhalten, was Materie angeblich nicht ist (geistig) und was Geist angeblich
ist (Materieexpression). Materie ist in jedem Fall das Bedingte. Es gibt nichts

---

36 ebda., S. 39.

37 So wird dies heute, gestützt durch die meisten Hirnforscher, fest geglaubt (s. Kap.
4c) Kant selbst hat seine anthropologischen Summen jedoch niemals ganz säkularisiert, sondern, wie gesagt, in einer ominösen göttlichen Ordnung belassen.

Materielles, das aus sich selbst ist. Alles Dingliche kommt von etwas. Ein Anderes bedingt es (der Weizen aus dem Samen und der Fruchtbarkeit der Erde, die Elektrizität aus der Kraft des Windes oder der Sonne, der Sand aus dem Abrieb des Steins und der Kraft des Wassers etc.), das selbst auch bedingt ist. Materie ist das Bedingte, das Teil des Vergehens der Welt ist und deshalb auch seine eigenen Generaten bedingt. Was von Materie herkommt ist von ihr bedingt.

Der Geist des Individuums, eindeutig zu seiner biologischen Verfassung gehörend, ist nun sicherlich in seinen Erscheinungen durch das genetische Erbe, durch soziale Umstände wie Bildungsmöglichkeiten geprägt. Aber aus dieser biologisch-sozialen Bedingtheit lassen sich seine besonderen Leistungen nicht ganz erklären. Der Geist ist die Fähigkeit des Menschen, seinen biologisch unüberschreitbaren Gesichtskreis in Intuition, Kreativität, Meditation und Eidetik hinein zu überschreiten, die ihn wissenschaftliche, aus nichts ableitbare Hypothesen finden läßt, die sich in der Überprüfung schließlich als physikalisch wahr erweisen, die ihn rechnen läßt, was zuvor noch niemand rechnen konnte, die ihn Kompositionen von universalem Rang erschaffen läßt. Diese geistigen Leistungen sind durch nichts bedingt.

Da alle Materie bedingt ist, können diese Leistungen keine Möglichkeiten der Materie sein, sondern müssen metaphysisch, also Möglichkeiten eines Geistes sein, der von der Materie nicht abhängen kann.

Nicht nur Logik und Erfahrung sprechen gegen die Omnipotenz der biologischen Materie, sondern auch die Tatsache, dass es doch nur der einzelne Mensch ist, ein Bach, ein Leibniz, ein Leonardo, ein Einstein, der, im optimalen Fall trotz bereits hochbegabter Vorfahren, plötzlich alles vorher Dagewesene in großartig-rätselhafter Weise übertrifft. Die eidetische Versenkung, zu der der einzelne Mensch fähig sein kann, die Wesensschau, die ihn seine Möglichkeiten, also seine Bedingtheit, materiell wie intellektuell übersteigen läßt, kann auch deshalb kaum eine materielle Bedingtheit sein, weil seine Eingebungen, das Zustandekommen einer Hohen Messe oder die Findung der Relativitätstheorie, auch später nicht nachvollzogen werden können. Die Ursache dieser axiomatischen (oder mindestens theoretischen), schöpferischen Leistungen bleibt materiell unerklärlich. Dennoch wird heute ganz allgemein geglaubt, dass Geist, Bewußtsein und Psyche („Seele") einfacher exkretorischer Ausfluß ihrer eigenen Bedingtheit seien, also chemo-taktisches Produkt der Neuronen, im Grunde der Tanz der Transkriptasen, die die DNA ablesen. Wenn es dafür auch keinen einzigen Beweis gibt, wird dennoch ohne einen Hauch des Zweifels geglaubt, dass die Existenz eines freien Willens eine Einbildung sei und dass Wille und Geist des Individuums eine, wenn auch komplexe, „Eigenschaft" des menschlichen Körpers seien. Auch sie seien deshalb im Grunde nur Materie, also der von allein redende Körper.

Sinnvoller als der kategorische Ausschluß eines Geistes ist folglich die Wahrnehmung seiner Leistungen und die Annahme, dass es ein diese Bedingendes geben muß. Wir können es das einzige selbst Unbedingte oder den Geist Gottes nennen, das sich im von ihm Bedingten geistig auswirkt. Dieses Bedingen kann aber nicht als einfache Verdankung gedacht werden, weil das Individuum seinen Geist nicht zu eigen besitzen kann, der ihn sich ja selbst übertreffen läßt. Dies wäre eine contradictio in re. Das Unbekannte kann er ja gerade nicht selbst ableiten oder errechnen, sondern es fällt ihm auf mysteriöse Weise zu. Gedacht werden kann dies nur als Spontanmittei-lung eines Geistes, die den Menschen teilhaben läßt, und zwar so dass dieses Unbedingte selbst im Menschen west.

Wenn also der Geist des Menschen, wie die Geschichte von Wis-senschaft und Künsten es immerzu aufzeigt, nicht aus banal Existierendem (Bedingtem, das Materie ist) abgeleitet werden kann, muß er wirklich mehr als Möglichkeit eines Bedingenden, sondern Kraft sein, Geist vom Geiste eines Gottes sein. Insofern erklärt der Glaube der aufgeklärten Moderne daran, dass Bewußtsein, Wille und Geist chemische Produkte des Gehirns sind, weniger als das religiöse Modell. Immanuel Kant argumentierte am Ende seiner Logik auch nicht mehr, sondern dekretierte, dass die Vereinba-rung einer „Religionsverfassung", mit der der Fortschritt aufgehalten werde, statt der Vereinbarung des aufklärerischen Symbols der Natur „schlechter-dings unerlaubt" sei.[38]

Die Reduktion des Geistes des Menschen auf die Materie, die wie die Annahme eines Gottes durch nichts bewiesen ist, kann die Wirklichkeit,

---

38 Immanuel Kant: Was ist Aufklärung?, S. 39

wie wir sie kennen, nicht ausreichend erklären und ist bei Ansehung des Ganzen, beim Staunen zum Beispiel über die ungeheure Komplexität der Zeugung, für den unbefangenen Betrachter keineswegs überzeugender als die Annahme eines Geistes, als die Anwesenheit Gottes. Die Berufung des Subjekts zur heilbringenden Selbstermächtigung ist ein Axiom, eine zu glaubende Voraussetzung, die dem Grundgesetz der Moderne des Bewiesenseinmüssens selbst nicht genügt. Eine unbestimmte Glückseligkeit, die nach Kant irgendwie durch den eifrigen Gebrauch des eigenen Verstandes zu erringen sei, ist allerdings ein ominös-schöner, die moderne Gegenwart begeisternder Gedanke, der verlorene Bedeutung ersetzen will, auch wenn er der Analyse seiner Voraussetzungen nicht Stand hält. So ist auch das Versprechen der Freiheit, die den Verlust des Ethos aufwiegen könnte, kein geistiges Ziel, da es für den aufgeklärten Menschen einen Geist nicht gibt. Er soll sich seine Freiheit in der materiellen Welt erringen, aber Freiheit von Materiellem ist dem Menschen schon wegen seiner körperlichen Verfassung verwehrt.

d. Der Nationalsozialismus unterbrach die Aufklärung nicht, sondern setzte ihren Rationalismus durch

Die Theorie der Aufklärung ist die Reduktion der Welt auf die Welt des Verstandes und des Willens (sich aus der Unmündigkeit zu befreien). Dies ist eine Formalisierung, die die Wirklichkeit rechenbar macht und das säkulare Menschenbild als rational unangreifbar erscheinen läßt.

Tatsächlich kann die Aufklärung als eine einfache mathematische Gleichung ausgedrückt werden, deren Ergebnis die Glückseligkeit ist (Natur des Menschen = Wille + Verstand = Glück). Die Umkehrung der Gleichung ist es allerdings, auf die es ankommt, denn sie schließt die Ermächtigung des Subjekts durch eine andere Instanz als durch es selbst aus (Glück = Wille + Verstand). Der kategorische Imperativ[39] streicht heraus, dass die Glückseligkeit keine Privatsache ist, keine Aufklärung des Individuums. Aufklärung ist normenbildend, allgemeines Gesetz von Natur und Welt. Die Selbstermächtigung des Subjekts ist demnach auch höhergradig formalisiert. In der Mengenlehre, die entscheidend für die Theorie der Physik geworden ist, nennt man die Menge, die sich selbst enthält, eine Properklasse. Immanuel Kant hat, könnte man sagen, eine frühe Properklasse formuliert, indem er die Selbstermächtigung, zu der sich das Subjekt mit der Kraft seines Willens durchringen muß, sozusagen doppelt, auch von ihrem Ende her, begründet. Die Selbstermächtigung, die in der Natur des Menschen angelegt ist, gipfelt in Maximen, die allgemeines Gesetz der Welt werden, die die Natur des Menschen enthält. Die Gleichung lautet also: Natur des Menschen = Wille + Verstand = Allgemeines Gesetz + Glück = Welt, deren Teil die Natur des Menschen ist. Oder verkürzt gesagt, die Welt bringt die Natur des Menschen hervor, die die Welt hervorbringt.

Der Effekt ist, dass nicht nur für die Begründung der Souveränität des Subjekts keine andere Instanz benötigt wird, sondern auch für die Theorie selbst nicht. Die Selbstermächtigung ist damit Letztbegründung und „proper" und damit, am Ende, obwohl rechenbar, nichtrational und eine mythische Vorstellung.

Das Glücksversprechen der Aufklärung, das auch ein Sinn- und Ordnungsversprechen ist, war nach dem Ersten Weltkrieg augenfällig desavouiert. Die rationalisierte, säkulare Gesellschaft war in wirtschaftlicher Not und in politischem Chaos gefangen und drehte sich im Kreis der materialistischen Weltanschauungen. Es war daher nicht nur die Armut und der Hunger, die den dringenden Wunsch nach strahlender, gebietender Gewalt weckten, wie es heute gängige Meinung ist, sondern der Verlust von Ordnung und Sinn der aufgeklärten Welt.

Dafür, dass mit dem Faschismus keine Ersetzung der Aufklärung gemeint war, sondern ihre Durchsetzung, gibt es einige Hinweise. Einmal kann der kategorische Imperativ für die Rechtfertigung jeder Gewalttätigkeit mißbraucht werden. Lustvolle Zerstörung, die, aus irgendwelchen rationalen Gründen gewollt, allgemeines Gesetz wird, ist eindeutig kein Verstoß gegen die beiden aufklärerischen Befehle (die Befreiung des Menschen aus Motiven, die Kategorie sind), sondern wird von ihnen theoretisch unterfangen.

---

39 „Handle nur nach derjenigen Maxime, durch die du zugleich wollen kannst, dass sie ein allgemeines Gesetz werde." a.a.O.

Der Faschismus setzte sie, jedenfalls was von ihnen in seiner Zeit wirksam gewesen ist, konsequent um.

Die Intelligenz, die dem Nationalsozialismus bekanntlich zustimmte, tat dies zweifellos nicht allein, weil sie hungrig war oder des politischen Streites müde. Sie konnte zustimmen, weil die Nationalsozialisten ihre eigenen mythischen Vorstellungen rational begründeten, worauf ich noch im einzelnen eingehen will.

Normatives Handeln, das Kern der Aufklärung und des modernen Selbstverständnisses ist, war in den Zwanziger Jahren Spielball wechselnder politischer Kräfte und alles andere als verläßlich. In dieser Situation, in der die Identität, Bedeutung und Zukunft eines Volkes zur Disposition standen, begann der ungebildete Beamtensohn aus dem österreichischen Waldviertel, rhetorisch und strategisch zweifellos hochbegabt, damit, seine Kategorien vom Volk und vom Überlebenskampf der Völker, von Rasse und Herrschaft zu predigen. Holzschnittartige Mythen, die das Leben in alle seine Verästelungen rationalisieren würden, boten Bedeutung an. Seine gewalttätigen Horden verkündeten die Wiederherstellung von Ordnung, eine Ordnung, die sich später selbst zerstören würde, was auch nichts anderes als eine Selbstermächtigung mit negativem Vorzeichen ist. Rationalität, die zum Mythos geworden ist, weil sie sich selbst ermächtigt, ist Selbstsinn, Sinn, der sich selbst begründet und auch Irr-Sinn sein kann, der immer noch auch Sinn und rational ist. Rationalität ist auch, wenn ihre Folgen irrational sind, wie die zweckfrei-sinnlose Vernichtung ganzer Armeen es im Zweiten Weltkrieg war.

Viele Äußerungen Adolf Hitlers, über die die Wissenschaft in ihrer Ungeheuerlichkeit rätselt, erhalten ihre Logik und Rationalität, wenn man sie vor dem formalisierten Weltbild der Aufklärung und ihrer volatilen Moral auffaßt. Der Diktator: „Wenn mir die Vorsehung den Sieg versagen sollte, so werde ich dafür sorgen, dass das deutsche Volk diese Schmach nicht überleben wird."[40] Was in der Literatur immer wieder als Zeichen des Wahnsinns

---

40 Friedrich Meinecke: Die deutsche Katastrophe. Betrachtungen und Erinnerungen. Wiesbaden 1947, 3. Aufl., S. 90

gedeutet und damit unerklärt geblieben ist,[41] ist de facto nichts anderes als die Einsetzung der Gewalt als Allgemeines Gesetz (Kategorie) in die Aufklärungstheorie: Natur des Menschen = Wille + Verstand = Allgemeines Gesetz (Gewalt) + Glück = Welt, deren Teil die Natur des Menschen ist. Wenn der Faschismus auch kein Rückfall hinter die Aufklärung gewesen ist, so war er doch ein Verlust von Zivilisation.[42]

Das Abendland hatte in eintausend Jahren eines tiefschürfenden philosophisch-religiösen Diskurses die fundamentale Unterscheidung von gut und böse, von falsch und richtig abgesichert. Die philosophische Tradition aber riß jetzt ab, und selbst der Dekalog, der in der Mehrzahl seiner Gebote als Naturrecht oder als Urgesetz der gesamten Menschheit gelten kann, war plötzlich kraftlos geworden. Das in Stein gehauene Tötenicht war unter der reduktiven Wucht der Aufklärungsphilosophie für ein altes Kulturvolk unleserlich geworden.

Für diese Zerstörung der Überlieferung, die Unterbrechung eines uralten Wissensstroms, hielt die Aufklärungstheorie den Steigbügel. Für das Morden bot sie den Platzhalter an: in der Gleichung belegten die Nazis das Glück des Menschen mit dem biologischen Überleben des Volks und transzendierten es damit: Natur des Menschen = Wille + Verstand = Allgemeines Gesetz (Gewalt) + Überleben des Volkes = Welt, deren Teil die Natur des Menschen ist.

---

41 Birgit Schwarz hat zurecht darauf hingewiesen, dass sich in der Geschichte des 19. Jahrhunderts der romantische Geniegedanke so umfassend allen Formen des Schöpferischen angenommen hat, dass seither auch der Wahnsinn Genialität ist, selbst der Teufel ist Genie (Geniewahn: Hitler und die Kunst. Wien, Köln, Weimar 2009, S. 13). Aber weder die Trivialisierung noch Verteufelung können Hitlers Wirksamkeit ausreichend erklären.

42 Vgl. Sigmund Freuds Theorie von der Urhorde (Kapitel 4f)

e. Säkularisation und Mythos der Aufklärung
als Chance für den Usurpator

Weder die Aussicht auf Wiedergewinnung von Bedeutung in einer tief verunsicherten, säkularisierten Gesellschaft allein, noch der Glaube an einen Mythos der Rationalität kann die Zustimmung zum Nationalsozialismus und zu den Massentötungen des „Dritten Reiches" ganz rechtfertigen. Dafür war die Barbarei zu gewaltig, die Zerstörung der Werte zu tiefgreifend. Als Ursache kommt die Säkularisation des Denkens in Frage, die das substanzhomologe Bild[43] vom Menschen in einen Gegensatz zur Erfahrungswirklichkeit gebracht hatte.

Der materialistische Begriff der geistköperlichen Einheit des Menschen, seine Entgeistung und Materalisierung, hatte sich, wenn man dem öffentlichen, von Verteilungsgerechtigkeit dominierten Diskurs folgt, nach dem Ersten Weltkrieg durchgesetzt. Das Bewußtsein ist seither gespalten in geglaubte (ungeistige) Wahrheit und gelebte (geistige) Wirklichkeit. Die Glückseligkeit, mit der Immanuel Kant die aufgeklärten Menschen über den Verlust der Religion trösten wollte, ist keine Kategorie mehr. Trost offerierte unter anderen der Nationalsozialismus. Die Erhebung des Überlebenskampfes des Volkes in die Transzendenz der Aufklärungsformel überformte den eindimensionalen Materialismus aller bekannten ideologischen Ausprägungen mit einer neuen mythischen Erwartung und Hoffnung. Die unnatürliche Ausspreizung des Denkens der materialistischen Doktrinen in geglaubte Wahrheit und gelebte Wirklichkeit schien sich wieder zu entspannen: die materialistische Gegenwart bot dem ob seiner Entgeistung deprimierten Individuum wieder einen Sinn an. Das Leben, das reduziert schien, sollte wieder zum gesteigerten Leben werden können.

Einer materialistischen Politik ein mythisches Ziel aufzusetzen, ist kein Widerspruch zur Aufklärung, die, wie gesagt, selbst ohne eine Mischung von Rationalismus und Irrationalem nicht auskommt. Die vorherigen philosophischen Versuche, den Materialismus als Sinn zu konstituieren, im

---

43 Körper und Geist seien von derselben Substanz (Materie).

Sozialismus, Liberalismus, Kapitalismus, konnten die Menschen, die doch immer das Andere ahnen, nicht binden. Der verlorene erste große Krieg, das Leiden um Millionen Tote, die Verzweiflung der unzähligen schwer Kriegsbehinderten, die in den Zwanziger Jahren nur im Opiumrausch existieren konnten, der gewalttätige Kampf der sich radikalisierenden Parteien, die nicht endende Not von Armut und Hunger waren ohne Ausweg, ohne Hoffnung. Den Menschen war aufgegeben, in der Horizontale des Materialismus auszuharren, denen von den Politikern das Glück versprochen war, die aber das Leben an den Abgrund geführt hatten. Der Verlust der Seele im aufgeklärten Homologsein mit der Materie, das Verbot der Vertikalen des Geistes, vollendete die Orientierungsnot. Kein Gott, der die Welt aus dem Chaos formt und von ihm erlöst, war mehr glaubwürdig. Er hatte mit der Monarchie endgültig abgedankt. Die Stelle des Mythisch-Sinnhaften war vakant. Die Zeit reifte einer Ordnung entgegen, die einfach, aber vernünftig begründet wäre und einen Sinn verbürgen könnte.

An die Stelle der im Denken erloschenen absoluten Gewalt Gottes über die Menschen rückten die Nationalsozialisten nun mit den aufklärerischen Mitteln von Argumentation und Logik die absolute Gewalt politischer Führer über die Körper. Die Moderne, aufgeklärt, säkularisiert, entgeistigt, ist in der Weltgeschichte die erste philosophisch begründete Ordnung, die statt auf Zusammenhang auf Körper setzt. Das auf Grund seines natürlichen Verstandes angeblich überlegene Individuum ist jetzt nicht anders mehr in der Welt, als die Materie im Raum ist. Und es ist kein Frieden im homogenen Raum, sondern Konkurrenz um ihn, Bedrohung, wie die Romantik sie ausgedrückt hat, die die Technisierung, die Industrialisierung und den Glauben an ewigen Fortschritt befeuert hat. Die Nationalsozialisten spitzten diese Bedrohung des Individuums in der Materie zum „Überlebenskampf der Völker" zu und gaben der den Menschen auf seine Biologie reduzierenden Rationalität damit etwas, das sie von Natur aus gerade nicht hat: emotionale Höhe.

Aber die Botschaft der nationalsozialistischen Propaganda war paradox. Was an die Stelle der abgeschafften Religion treten und die Sinnleere der Säkularisation überwinden sollte, ist nicht überweltlich, sondern weltlich. Der Geist selbst, der das deutsche Volk zur Weltherrschaft rief, faltete sich in die Gene zurück. Die Lehre konnte weder Transzendenz noch Glauben oder

Religion begründen. Der substanzhomologen Idee der Materie, die die Nazis in besonderer Reinheit predigten, kam allerdings das Mythische der Aufklärung zu Hilfe: Der Nationalsozialismus formte sich nach ihrer Rationalität und beschwor mit ihr das Fortschreiten der Menschheit zu ihrem Glück durch Anwendung von Vernunft und Zweckmäßigkeit. Weil Hitler sich auf die Biologie berief wie Kant auf die Natur, konnte der Fortschrittsglauben der Aufklärer auf die neue Anschauung der Welt überspringen. Das Bewußtsein einer Bestimmung der Gesellschaft, ist ein Geschichtsmythos, der dem öden Materialismus eine geschichtliche Perspektive gab. Die Geschichtsmetaphysik der Aufklärer adelte das Dritte Reich mit einem Rechtfertigungsgrund.

Sein mit der Endzeitlichkeit der Gewinnung der Gebiete im Osten operierender Rationalismus hatte nur, wie Kants Aufklärungslogik, im religiösen Vakuum und mit dem Bewußtsein einer Berufung eine Chance. Ohne die Säkularisation, die den Sinnhorizont entleert und die Metaphysik ins Subjektive verabschiedet hatte, hätte der Nationalsozialismus seine Wirkung sicher verfehlt.

2. Rezeption der Aufklärung durch den Nationalsozialismus und ihre Vollstreckung

Dass der große geschichtsphilosophische Strom, der von Immanuel Kant hochwirksam gebündelt wurde, in der Weltanschauung Adolf Hitlers (reduziert) kulminierte, wird man weniger konstruiert finden, wenn man die Schriften des Diktators liest.[44] Hitler verehrte bekanntlich Friedrich d. Gr., auf den Kant als einziges, leuchtendes Beispiel eines aufgeklärten Regenten in seiner die Moderne begründenden Programmschrift „Beantwortung der Frage: Was ist Aufklärung?"[45] hingewiesen hat. Hitler selbst hat sich nicht nur als politischen Nachfolger Friedrichs gesehen, sondern sich auch die Argumentation Kants zu eigen und dessen Kausalkette zur Grundlage seiner Ideologie gemacht. In der Rechtfertigung des Philosophen, dass die Vernunft „nur den Verstand und dessen zweckmäßige Anstellung zum Gegenstand" habe, ist die Zweckmäßigkeit der Schlüsselbegriff. Genau dieses Argument legte auch Hitler seinem Gedankengebäude zu Grunde: Der Nationalsozialismus beruhe auf Erkenntnissen, „die im Zweckmäßigen liegen".[46] Man müsse sich schließlich darüber klar werden, schrieb er, „dass die höchsten Ideale immer einer tiefsten Lebensnotwendigkeit entsprechen, genau so wie der Adel der erhabensten Schönheit im letzten Grunde auch nur im logisch Zweckmäßigsten liegt."[47] Die Zweckmäßigkeit ist Letztbegründung, die häufig in den Reden und Schriften Hitlers auftaucht, er spricht z.B. von der „Zweckmäßigkeit der Propaganda"; vom Programmatiker, dessen Arbeit aufhöre, „ein Polarstern der suchenden Menschheit zu sein," wenn er nicht der „absoluten Wahrheit der sogenannten ‚Zweckmäßigkeit' und ‚Wirklichkeit' Rechnung" trage[48], „um statt dessen zu einem Rezept des Alltags" zu werden;

---

44 Da sie zumeist aus Phrasen bestehen, von offensichtlich geringem Kenntnisstand und voller Haß sind, erscheint ihr gegenwärtiges Verbot als überflüssige Vorsorge, die den Schriften ein unberechtigtes Gewicht gibt. S. Kap. 3c und 4b.

45 S. 41f.

46 Der Parteitag Großdeutschland vom 5.-12. September 1938. Offizieller Bericht über den Verlauf des Parteitages mit sämtlichen Kongreßreden. München 1938. S. 81

47 Adolf Hitler: Mein Kampf, S. 224 (Raubdruck)

48 http://aryanism.net/downloads/books/adolf-hitler/mein-kampf-deutsch.pdf, S. 229

das Funktionale der Zweckmäßigkeit durchwirkt seinen ganzen Vortrag bis hin zum „Antisemitismus der Vernunft".[49a]

Adolf Hitler selbst hat den von Immanuel Kant aufgerufenen Utilitarismus nicht als Begleiterscheinung angesehen, sondern als Prinzip des Nationalsozialismus: „Von diesem Gesichtspunkte aus ist auch alles zu prüfen und nach seiner Zweckmäßigkeit zu verwenden oder abzulehnen. So kann keine Theorie zur tödlichen Doktrin erstarren, da alles ja nur dem Leben zu dienen hat".[49b] Das „Zweckmäßige" konkretisierte er. „Gesunde Vernunft", die „die einzige Führerin"[50] sein solle, sei die des „einfachen Selbsterhaltungstriebes".[51] Damit mußte der Diktator den Philosophen nicht einmal neu interpretieren. Er berief sich, wie sein Vorbild, auf „die Natur" des Menschen[52] und sah, was naturwidrig sei, sei auch vernunftwidrig.[53]

Auch Hitlers Verständnis der Verbesserung der Gesellschaft durch die Evolution des Genoms widerspricht den Festlegungen Kants nicht, die die Verbesserung der Gesellschaft durch Erringung von Freiheit immer doch auf die Natur des Menschen zurückführte. Hitler konnte sich als modern ansehen, als ein Verteidiger natürlicher Zweckmäßigkeit konnte er sich als Aufklärer fühlen. Über die NSDAP sagte er: „Die Frage der inneren Organisation der Bewegung ist eine solche der Zweckmäßigkeit und nicht des Prinzips."

Die Natur des Menschen, die bei Kant eine kosmisch-transzendentale Höhe besitzt, hatte in der Sicht der Nazis zwar nichts Geistiges mehr, das nicht von der Materie überwältigt wäre. Aber mit ihrer biologischen Deutung

---

49a „Gutachten zum Antisemitismus" von 1919, s. Ernst Deuerlein: Hitlers Eintritt in die Politik und die Reichswehr. In: VfZ 7/1959, S. 202–205

49b Adolf Hitler: Mein Kampf, S. 234

50 Adolf Hitler: Mein Kampf, S. 753

51 „Es schien, als ob ein immerwährender Giftstrom bis in die äußersten Blutgefäße dieses einstigen Heldenleibes von einer geheimnisvollen Macht getrieben würde, um nun zu immer größeren Lähmungen der gesunden Vernunft, des einfachen Selbsterhaltungstriebes zu führen." Mein Kampf, S. 169,http://aryanism.net/downloads/books/adolf-hitler-mein-kampf-deutsch.pdf, Raubdruck S. 93

52 Adolf Hitler: Mein Kampf, z.B. S. 81 (Raubdruck), und Immanuel Kant: Was ist Aufklärung?, S. 35

53 Adolf Hitler: Mein Kampf, S. 315 („natur- und vernunftwidriger Unsinn")

der Natur verletzten sie die Aufklärungsleitsätze auch nicht. Der Chefideologe der Nationalsozialisten, Alfred Rosenberg, spielte auf wissenschaftliche Ergebnisse wie in der Psychosomatik an, wenn er sagte: Die Dominanz der Materie über den Geist sei eine „Naturerkenntnis".[54]

Für den Diktator war die Aufklärung, die das Individuum in den Fokus gerückt hatte, eine stabile Grundlage seines Weltbildes. Person ist nicht mehr an sich wie in der Religion, nicht mehr das Ebenbild Gottes, sondern verdient sich ihr Sein erst durch Erreichung von Zielen, die die Natur vorgebe. Das ist aufklärerisch und nationalsozialistisch. Die Reduktion der Person auf das Subjekt, das durch Willenskraft zu seiner Natur findet und sich aus ihr selbst ermächtigt, ist mit der nationalsozialistischen Ausformung dieses Gedankens identisch: Im Dritten Reich ist die Person nämlich ebenfalls das Subjekt, das zu seiner Natur findet. Es ermächtigt sich aus ihr, der Natur, die sich im genetischen Besitzstand des Volkes manifestiert und deren Auslese eine „Stärkung der Person" ist.[55] Der Unterschied liegt vor allem darin, dass Hitler uns wissen läßt, was „die Natur" konkret bedeutet. Er hat damit materialistisch ausformuliert und vollstreckt, was Kant in der Aufklärung ideal, aber nicht definiert angelegt hatte. Das spätere von der Natur begnadete Genie der Romantik wurde deshalb leicht zum von der Natur (die die „Vorsehung" auf unbekannte Weise mitumfaßt) begnadeten Führer der Nationalsozialisten.

Beide, Kant und Hitler, versprachen die Befreiung des Menschen aus seiner Unmündigkeit des Denkens[56], der Diktator, wieder genauer, aus der Unmündigkeit des Denkens, die ihn in zivilisatorischer Überfremdung und Verstädterung gefangen hielt.[57] Der Kampf der Nazis gegen die Welt, der ein einziges „zurück zur Natur!" ist, ist identisch mit dem Aufruf Kants, das zu erfüllen, was die Natur im Menschen angelegt hat.[58] Selbstverschulde-

---

54 Alfred Rosenberg: Der Kampf um die Weltanschauung. Rede, gehalten am 22. Februar 1934 im Reichstagssitzungssaal der Kroll-Oper zu Berlin. München 1934, S. 12 (Hier spricht das neue Deutschland! 1.)

55 Adolf Hitler: Mein Kampf, S. 80 (Raubdruck)

56 Durch Überwindung von „Faulheit und Feigheit" im Denken, Immanuel Kant: Was ist Aufklärung?, S. 35 und 41

57 Z.B. in seinem „Zweiten Buch", S. 61f.

te Unmündigkeit und kulturelle Selbstentfremdung ist dieselbe Unfreiheit, die gegen die mythische Natur des Menschen verstoße, gegen „die heiligen Rechte der Menschheit" – ein Wort von Kant oder Hitler?[59]

Aber nicht nur der Subjektivismus der Aufklärung stellt Hitler in ihre Tradition, sondern auch das Ziel der individuellen Verbesserung, der Fortschritt der Volksgemeinschaft. Immanuel Kant: „Dabei kann ein Publicum nur langsam zur Aufklärung gelangen". Und genauer: „Wenn denn die Natur (…) den Keim, für den sie am zärtlichsten sorgt, nämlich den Hang und Beruf zum freien Denken, ausgewickelt hat: so wirkt dieser allmählig zurück auf die Sinnesart des Volks (wodurch dieses der Freiheit zu handeln nach und nach fähiger wird)".[60] Der Erfolg der Person im Bestehen gegen die Auslese, so die Entsprechung bei Hitler, sei nicht nur eine „Stärkung der Person, mithin aber letzten Endes eine Kräftigung der Art".[61] Die Freiheit des einzelnen Menschen transponiere sich im Verbund der „deutschen Bluts- und Schicksalsgenossen" durch den Sieg in die Freiheit des Ganzen.[62] Der „Persönlichkeitsgedanke" ist der Kern der Aufklärung, den die Nazis noch über den „Mehrheitsgötzen" der Demokratie und über den „rohen Mehrheitsbegriff als Herrschaftsanrecht" gestellt haben.[63] Der Nationalsozialismus steht also auch, was die Verbesserung der Gemeinschaft als höheres Ziel angeht, in der Tradition der Aufklärung. Ja, sogar die unsystematischen metaphysischen Akzente, mit denen Kant seine Logik absicherte, finden sich in der Argumentation Hitlers: „So schwach der einzelne Mensch in seinem ganzen Wesen und Handeln am Ende doch ist gegenüber der allmächtigen Vorsehung und ihrem Willen, so unermeßlich stark wird er in dem Augenblick, in dem er im Sinne dieser Vorsehung handelt! Dann strömt auf ihn jene Kraft hernieder, die alle großen Erscheinungen der Welt ausgezeichnet hat."[64]

---

58 Die „Natur" habe die Menschen „längst von fremder Leitung freigesprochen", Immanuel Kant, „Was ist Aufklärung?, S. 35

59 Immanuel Kant: Was ist Aufklärung?, S. 39

60 Immanuel Kant: Was ist Aufklärung?, S. 36 und 41

61 Adolf Hitler: Mein Kampf, S. 80 (Raubdruck)

62 [Alfred Rosenberg:] Wesen, Grundsätze und Ziele der Nationalsozialistischen Arbeiterpartei. Das Programm der Bewegung hrsg. und erläutert von Alfred Rosenberg. München 1930, verfasst 1922, von Adolf Hitler zum Druck freigegeben, S. 9 ff.

Man könnte als Widerspruch ansehen, dass es in der Aufklärung um anthropologische Qualitäten geht, im Nationalsozialismus aber um „rassische", die von Kant in keiner Weise gemeint waren. Dieser Einwand verflüchtigt sich jedoch, weil der Rassismus Hitlers sich auf die aktuelle biologische Theorie Darwins und damit wieder auf die „Natur" stützte: „Die Natur kennt keine politischen Grenzen", heißt es bei ihm ausdrücklich. „Sie setzt die Lebewesen zunächst auf diesen Erdball und sieht dem freien Spiel der Kräfte zu. Der Stärkste an Mut und Fleiß erhält dann als ihr liebstes Kind das Herrenrecht des Daseins zugesprochen."[65]

An zahllosen Stellen verherrlicht Hitler in seinen Schriften das biologisch erfolgreiche Leben, das sich gegen anderes Leben rücksichtslos durchsetzt. Indem die Auslese „gegen den einzelnen brutal vorgeht"; „sowie er dem Sturme des Lebens nicht gewachsen ist, erhält sie [die Auslese] die Rasse und Art selber kraftvoll, ja steigert sie zu höchsten Leistungen".[66] Insofern sprengte seine Folgerung, dass die Gesellschaft der Auslese unterliege, in der eine „Rasse" sich durchsetzen werde, das allgemein gehaltene Glück der aufgeklärten Gesellschaft keineswegs. Sein Sozialdarwinismus ordnete sich auch die „Menschenwürde" unter. Der „Drang zum Leben" werde „alle lächerlichen Fesseln einer sogenannten Humanität der einzelnen immer wieder zerbrechen", „um an seine Stelle die Humanität der Natur treten zu lassen, die die Schwäche vernichtet, um der Stärke den Platz [Lebensraum] zu schenken".[67] Hitler hat die Evolution, gegen die christliche Absicht Darwins, so interpretiert, dass das biologisch Richtige auch das Gute sei. Er nennt dies das „Würdige" und wiederholt damit exakt den bereits vorgestellten zentralen Rechtfertigungsbegriff Kants.[68]

63 Alfred Rosenberg: Wesen, Grundsätze und Ziele der NSDAP, S.17

64 Zitiert nach Joachim C. Fest: Hitler. Eine Biographie. [Frankfurt/M., Berlin, Wien 1973], S. 714

65 Adolf Hitler: Mein Kampf, S. 80f. (Raubdruck)

66 Adolf Hitler: Mein Kampf, S. 80 (Raubdruck)

67 Adolf Hitler: Mein Kampf, S. 80 (Raubdruck)

68 Immanuel Kant: Was ist Aufklärung?, S. 42; Hitlers Zweites Buch. Ein Dokument aus dem Jahr 1928. Eingeleitet und kommentiert von Gerhard L. Weinberg. Mit einem Geleitwort von Hans Rothfels. Stuttgart 1961, S. 56 (Quellen und Darstellungen zur Zeitgeschichte. 7.), 1928 von seinem Verfasser diktiert, aber nicht veröffentlicht.

Damit schließt sich der argumentative Kreis der Nazis innerhalb des größer gezogenen Kreises der aufklärerischen Menschheitsverbesserer. Nichts widerstreitet der Vernunft des Subjekts, auch nicht die Ethik, die der Zweckmäßigkeit des Verstandes untertan ist. Ja, nicht einmal die Individualität, ein Kerngedanke der Philosophie des 18. Jahrhunderts, konnte ein Bollwerk gegen das endgültige Zusammenpressen der Idealität auf eine Idealität der Materie sein, denn sie war ja schon ausgelagert ins Geistig-Numinose der Genievorstellung, das sich, theoretisch unerklärt, zuweilen in der belebten Materie einniste. Wissenschaft, Kunst und Politik, die der Verbesserung des Genoms dienten, wurden von diesem Geist geleitet, der von der Materie abhängt.

Neben der Dynamik der Freiheit, die von der Person zum Volk fortschreitet, teilen Aufklärung und Nationalsozialismus auch den Glauben, dass die geistige Begabung des Menschen mit seiner materiellen Existenz so zusammenfällt, dass sie nicht unterschieden werden können. Rosenberg verkündete, in der anthropologischen Erforschung der europäischen Völker habe man gefunden, dass „man Geist und Leib nicht voneinander trennen konnte, dass die Gesetze der leiblichen Vererbung ihren unmittelbaren Widerschein hatten in der seelischen Haltung und der inneren Festigkeit eines bestimmten Menschentums". Da dies auf einen frustrierenden Materialismus hinauslief, predigte er die ungefähre Glückseligkeit Kants: Dies bedeute keinen „platten Materialismus", sondern ein „großes menschliches Erwachen".[69]

Es würde eine Verkürzung der komplexeren Beziehungen sein, die Nationalsozialisten als einfache Vollstrecker der Aufklärung Immanuel Kants anzusehen. Aber sie waren die Vollstrecker der Aufklärung, wie sie durch das 19. Jahrhundert hindurchgegangen war und damit die Vollstrecker auch der Möglichkeiten, die der Philosoph in seinem Menschenbild angelegt hat. Die Reduktion der geistigen Begabungen auf die „Leiblichkeit" ist unzweifelhaft ein reiner Materialismus, der zum Menschenbild der Aufklärung nicht im Widerspruch steht, sondern es in dieser Richtung ausformuliert. Die formelhafte Aufrufung des Glaubens an „die Natur", der „Vorsehung", ja Gottes, die sowohl bei Kant wie bei Hitler als wiederkehrende Einsprengsel

---

69 Alfred Rosenberg: Der Kampf um die Weltanschauung, S. 12

zu finden ist, hat, wie noch zu sehen sein wird, zuwenig Kraft, um das Blatt zu Gunsten einer dualen Auffasung des Menschen zu wenden.

Dass der Mensch im von allem Geistigen losgebundenen Materialismus als leere Hülle erscheint, war propagandistisch ein Problem. Die Bildung einer kollektiven Identität erforderte einen Sinn, der seiner Natur nach mythisch, also geistig, ist. Wie die Nationalsozialisten den Materialismus mythisch werden ließen, also den Kreis zum Quadrat, will ich im folgenden Kapitel zeigen.

Hitler erwähnte übrigens selbst „die Aufklärung". Auch wenn seine Kenntnisse in der Vergangenheit in manchen Bereichen unterschätzt wurden (z.B. in der Kunst), war der Massenmörder doch sicher kein philosophischer Kopf. Diese Frage kann freilich deshalb dahinstehen, weil seine Begründung, was Aufklärung sei, sich von selbst in die Tradition des Begriffes einordnet: Unkenntnis und Manipulation des Volkes formuliert er als Verstoß gegen die Natur des Volkes. Die informatorische Selbstermächtigung des Volkes, die psychologische Notwendigkeit richtiger Propaganda zur Erreichung des in der Natur des Volkes liegenden Ziels, ist die völkische Variante der Kantischen Argumentationskette. Die Schwächung des Volkes durch nicht zielführende Informierung sei „umgekehrt arbeitende Aufklärung".[70]

---

70 Adolf Hitler: Mein Kampf, S. 109 (Raubdruck)

3. Der Nationalsozialismus als angeblicher Rückfall
in die Religion

a. Der zum Scheinmythos gesteigerte Rationalismus
und Materialismus

Leere Formen, die Bedeutung signalisieren, aber diese vom Betrachter anfordern, sind Erscheinungen der Moderne. Das aufgeklärte Individuum, dem ein Traditions- und Rezeptionsverbot auferlegt ist, soll schließlich selber denken und dadurch seine Unmündigkeit überwinden. Leere Form ist demnach das Glück des Subjekts, seine Sicht, die wegen des Verbots der Hilfe Dritter kenntnislos sein muß, ist die Perspektive, aus der neue Kunst entsteht. Das Regietheater interpretiert die klassischen, jahrhundertealten Stücke, die das Wesen des Menschen in unübertrefflicher Schönheit und Wahrheit darstellen, neu, verfremdet sie. Es wird geglaubt, dass das Publikum so frei von Überlieferung und von Kenntnis so unbelastet ist, dass das Wissen vom Menschlichen neu gefunden werden kann, ja neu erklärt werden muß.[71] Das Fenster in die Welt ist dadurch zum Spiegel geworden. Die Welt,

---

71 S. die beeindruckende Kritik des dramatischen Verfalls der gegenwärtigen Theaterkultur von Volker Kapp: Die Zerstörung des menschlichen Antlitzes im Theater der Gegenwart, in: Sinnblinde Materie oder geistige Gestalt? Das Antlitz des Menschen im Spiegel der Wissenschaft. Kleines Symposion der Cornelia Goethe Akademie zu Frankfurt/ Main. Beiträge herausgegeben von Markus von Hänsel-Hohenhausen. Frankfurt a.M. 2013, S. 73-96. – Es sind natürlich alle Bereiche der Kultur vom Subjektivismus betroffen. In der bildenden Kunst ist dies besonders auffällig in den leeren Farbkompositionen, die das rauschende Nichts beeindruckend vor Augen stellen. Dabei erfüllen manche Werke durchaus den Anspruch des Klassischen, jedenfalls wenn man „Klassik" als Bannung der gesellschaftlichen Wirklichkeit in einem Augenblick versteht, dessen Wahrheit nur noch von seiner künstlerischen Schönheit übertroffen wird. So teilt sich die Musik von Strawinskys „Sacre du Printemps" selbst dem Hörer, der nichts über das Stück weiß, als heidnisch mit – wahrer Ausdruck der Gesellschaft des 20. Jahrhunderts. Auch wenn es vermutlich einer bestimmten regres-

die das Subjekt sieht, ist doch nichts anderes mehr als es selbst, nichts, was größer sein könnte als es selbst.

Der Strom des Wissens scheint, wenn wir die erste im Internet aufgewachsene Generation richtig verstehen, jetzt ganz abgerissen zu sein. Die Geschichte des Denkens, die Grundbegriffe des Verstehenwollens von Bedeutung, also die Philosophie, ist der Masse der jungen Leute unbekannt und herzlich gleichgültig, und was Religion soll und will sowieso. Unsere Kultur wird wohl in 50 Jahren auf Bits, Bites und Wikipedia zusammengeschmolzen sein und ihr Reichtum nur noch von Spezialisten gekannt.

Die Kenntnislosigkeit, aber auch die Suche im Sinnvakuum sind heute schon so allgemein und drängend, dass in den westlichen Gesellschaften primitive heidnische Rituale wiederbelebt werden, obwohl sie kulturell (als vernunftlos) schon seit eintausend Jahren abgetan sind und intellektuell weit hinter der christlichen Religion zurückstehen. Bei einem solchen Ritual im englischen Dörfchen Kilmersdon in Somerset, an dem ich im Januar 2010 teilnahm, sollte ein Gewehrschuß in eine Baumkrone den Tod (der der Winter für die Natur ist) vertreiben. Das ganze Dorf war auf den Beinen. Allerdings war eine Ratlosigkeit unter den Teilnehmern offensichtlich, die das Ereignis weder als Vollzug eines lebendigen Mythos, vor dem das Knie sich beugt, noch als eine vernünftige Maßnahme wahrnahmen. Pagane Rituale, wie die in Deutschland sich wieder ausbreitenden Sonnwendfeiern, florieren, weil sie sich mit der Aufklärung die mythische Reminiszenz an „die Natur" teilen, eine leere Form, die etwas für den Menschen bedeutet, aber uns nicht mehr sagen kann, was.[72]

---

siven Hörerziehung bedarf, um diese Musik als „schön" zu empfinden, ist die Choreografie von John Neumeier dazu unmittelbar mitreißend, die dem spannungsvoll Unaufgelösten der Musik in der Ästhetik des Tanzes die verlorene Harmonie zurückgibt.

In den Massenmedien wird das Publikum vom Reden des Subjekts von sich selbst in sog. Talkshows geflutet. Allabendlich wird mindestens eine Leiche in ihrem Blut vorgezeigt, weil auch die Unterhaltung nicht mehr auf Zusammenhang, sondern auf Körper setzt, auf den Nihilismus, der allein die technologisch erzogene Generation noch fasziniert, durch den Schauer wenigstens noch faszinierend.

72 Später sah ich den Schützen bei einem freikirchlichen Gottesdienst, in dem die Einsetzungsworte nur über dem Brot gesprochen wurden. Wieder kam es mir vor, als

Das spirituelle Defizit treibt die aufgeklärten Menschen seit 200 Jahren um. Es liegt ihnen etwas auf der Seele, etwas, das ihren dem Erwerb und dem Konsum gewidmeten Alltag auf irritierende Weise durchkreuzt.[73] Gustave Le Bon, der von Adolf Hitler rezipierte französische Philosoph, war schon 1895 die Empfänglichkeit der ihrer Religion beraubten Bevölkerung für die Formen von Frömmigkeit und Devotion aufgefallen: „Zwar wollen die Massen die Worte Gottheit und Religion, von denen sie solange beherrscht wurden, nicht mehr hören, aber zu keiner Zeit sah man sie so viele Bildwerke und Altäre errichten, wie seit einem Jahrhundert."[74] Diese Altäre, die das Vakuum der Gottferne auffüllen sollen, machen allerdings einen bedeutenden Teil des kulturellen Reichtums des 19. Jahrhunderts aus: die Romantik, die die Natur zum Hochchor erhebt und das Numinose im Genie des Menschen lokalisiert, die Begeisterung fürs heile Mittelalter der Minne und des edlen Rittertums, der historische Roman, der Historismus in Kunst und Geschichtschreibung, das Wagnerianische Germanentum und andere rückwärtsgewandte Projektionen. Doch nun spielt nicht mehr Gott, sondern das Subjekt die Hauptrolle, als einsamer Wanderer bei Caspar David Friedrich oder als verzweifelt klagender Sänger von Kindertotenliedern.

Die Rekonstruktion mittelalterlicher Formen in der Kunst um 1800 macht diesen Wechsel besonders greifbar. In der Kunst der Nazarener fehlt das Bekenntnis des Künstlers. Anders als die Alten Meister steht bei ihnen die Formalisierung im Vordergrund, die dem Betrachter Raum für subjektive Gefühle läßt. Ihre „Heilige Familie" ist kein persönliches Bekenntnis zur Gottheit Christi mehr, sondern eine ästhetische Schablone, die auch eine ideale Bürgersfamilie sein könnte. Die Formen sind also sichtbar leer. Dies war die Geburtsstunde von moderner Ästhetik und abstrakter Kunst.[75]

---

werde eine leere Form gefeiert. Ich fragte ihn, wie es zu verstehen sei, dass die Einsetzungsworte nicht auch über dem Wein gesprochen wurden. Antwort: Die Wandlung sei nur symbolisch. Ich fragte nach: „Ein Symbol ist bekanntlich das Zeichen eines Abwesenden, aber wir Christen gehen doch genau vom Gegenteil aus, dass nämlich Christus in der Liturgie gegenwärtig ist. Die Worte Christi lauteten ja gerade nicht: ‚Dies bedeutet meinen Leib', sondern: ‚Dies i s t mein Leib.'" Die bezeichnende, auf eine leere Form ausgehende Antwort: „Auch dies ist nur symbolisch."

73 Diktion einer kirchlichen Verlautbarung.

74 Gustave Le Bon: Psychologie der Massen. Stuttgart 1982, S. 49

Nun kann es nicht wundern, dass im 19. Jahrhundert auch der Mensch zum leeren Ding wurde. Der einzelne, der im Sozialismus und Kommunismus ersetzbar ist, ist, zugespitzt formuliert, ein Nichts, und das Volk, das sich nur aus diesen Nichtsen zusammensetzt, soll doch mehr als nichts[76] und ein Ideal sein, was eine zusätzliche Kraft nötig macht. Diese metaphysische Zutat, die das Subjekt zum Bedeutungsträger erhebt, findet sich als Konzession bei Kant. Das Individuum hat Bedeutung für den mythischen Fortschritt des Volkes, für die „Verbesserung der Sinnesart des Volkes".[77] Dass im einzelnen Individuum die hehren Qualitäten gar nicht gefunden werden können, die auch wir heute „der Menschheit" zuschreiben, ist eine tief aufklärerische Komplikation, die dem begeisterten Vernunft-Idealismus bis heute keinen Abbruch tut, sondern ihn in gewisser Weise (sobald sie als geistig erkannt und nicht biologisch interpretiert wird) sogar auszeichnet. Säkularisation ist folglich keine finale Tilgung des Geistes in der Welt, sondern seine Auslagerung aus dem Gesichtskreis des Menschen ins Metaphysisch-Mythische und damit aus der Sphäre politischer Wirklichkeit.

Adolf Hitler konnte diese irritierende Bedeutung, die im einzelnen west, ohne ihm zu gehören, weiter aufklären. Das Individuum sei in der „Lehre des Blutes" der Träger unersetzlich kostbarer Gene, aus denen heraus das Volk seinen Kampf bestehen können sollte. Das Nichts, das das Individuum vor dem Richterstuhle des Materialismus ist, trägt die Zukunft in sich, eingeschlossen in seiner Erbinformation. Das in die Ewigkeit entrückte Ziel bei Kant wurde nun konkret, biologisch und der Wissenschaft zugänglich. Deshalb wuchs die Bedeutung des Individuums im Nationalsozialismus nochmals an., und Hitler setzte sogar mit der Person die Rasse gleich: Nur so sind Sätze zu verstehen wie: die NSDAP sei die „reine Verkörperung von Rasse und Person".[78]

---

75 S. meine Arbeit über die Frage der Wahrheit im Porträt: Schönheit aus Wahrheit. Vom Wunder des Antlitzes im Bildnis am Beispiel von Porträtphotographien des 19. und 20. Jahrhunderts. Frankfurt a.M., München, London, New York 2010

76 Eine Formulierung von Robert Spaemann: Über Gott und die Welt. Eine Autobiographie in Gesprächen. Stuttgart 2012

77 Immanuel Kant: Was ist Aufklärung?, S. 41

78 Adolf Hitler: Mein Kampf, S. 408 (Raubdruck)

Die Bedeutung des Subjekts ist der gesamten nationalsozialistischen Politik und Gesetzgebung abzulesen, die den genetischen Besitzstand des Individuums gegen Vermischung und Schwächung schützen sollten. Mythos und Ratio, bei Kant noch unbestimmt und wohltemperiert, sind auch bei Adolf Hitler in Beziehung gesetzt, jetzt aber ins biologisch-Monströse konkretisiert. Das tägliche Formen des Volkes aus Zucht und Vernichtung von Individuen ist – als System rational begründet, von einer von wissenschaftlicher Methodik gestützten Lehre der Rassen und von der wissenschaftlichen Genetik als „vernünftig" dargestellt – ein Gipfelpunkt reiner Rationalität und eines unbegrenzten Materialismus und damit der grundlegenden Prinzipien der Aufklärung.

Die Entwicklung der Naturwissenschaften im 19. Jahrhundert hat den Glauben an den Fortschritt nicht nur allgemein-wissenschaftlich, sondern auch konkret biologisch begründet. Der Rationalismus konnte sich nun auf die Gesetze der Evolution berufen und die Gesellschaft nach ihnen ordnen.

Die Evolutionstheorie mit ihrem Prinzip der Selektion ist das wissenschaftliche Begründungsmuster für die Massentötungen des Dritten Reichs. Deshalb konnte es sich auch gegen das eigene Volk im Ganzen richten. Wenn es nicht stark genug wäre, sich den verheißenen Lebensraum im Osten militärisch zu erobern, hätte das Volk und sein Genpool sein Recht auf das Weiterleben verwirkt. Es wäre eine Form, die die ihr gegebene Bedeutung nicht erreicht hätte. Die Evolutionstheorie schenkt den bereits angeführten Worten Hitlers die philosophische Rechtfertigung: „Wenn mir die Vorsehung den Sieg versagen sollte, so werde ich dafür sorgen, dass das deutsche Volk diese Schmach nicht überleben wird."[79]

Tötung war nicht nur eine rationale Option, sondern sollte sogar ethisch geboten sein, als moralisch, vernünftig und „richtig" begründet. Selbst die nach Abschaffung der Religion nicht mehr festen Vorstellungen von Humanität konnten, wie bereits gesagt, kein Schutz vor der letalen Gewalt der triumphierenden Vernunft mehr sein. Sie erschienen sogar als Schwäche, die die Existenz gefährdeten. Hitler wieder mit wissenschaftlichem Pathos: „Während die Natur aus einer Vielzahl geborener Lebewesen die wenigen gesündesten und widerstandsfähigsten im Lebenskampf übrig-

---

79 Meinecke, S. 90

läßt, schränkt der Mensch die Zahl der Geburten ein, versucht aber dann, das, was geboren ist, ohne Rücksicht auf wirklichen Wert und seine innere Würdigkeit am Leben zu erhalten. Seine Humanität ist dabei nur die Dienerin seiner Schwäche und damit in Wahrheit die grausamste Vernichterin seiner Existenz."[80]

Der Nationalsozialismus war folglich nicht antihumanistisch (wenn auch antihuman), wie man immer glaubt, sondern „rational-humanistisch", denn an die Stelle des Schutzes des Lebens an sich rückte er die Begünstigung des siegreichen Lebens, das die Existenz der Art sichern könne. Die Exzellenz des Lebens, die sich im Subjekt zur Erscheinung bringt, begründe die wahre Humanität. So ist das Diktum Eric Voegelins im Jahre 1938 zu verstehen, der für die Geschichte der Rezeption des Wesens des Nationalsozialismus Bedeutung erlangt hat, „dass die Säkularisierung des Lebens, welche die Humanitätsidee mit sich führte, eben der Boden ist, auf dem antichristliche religiöse Bewegungen wie der Nationalsozialismus erst aufwachsen konnten."[81]

Natürlich ist der „rationale Humanismus", der die brutale Wirklichkeit gegen den einzelnen mit einer zukünftigen Evolution trösten zu können meint, zutiefst unmenschlich, aber der Unterschied liegt darin, dass dieser sich auf das Gebot der Aufklärung, zweckmäßig und deshalb vernünftig zu sein, berufen kann und sich damit als „modern" ausweist. Die „Humanität", die Adolf Hitler aus Zweckmäßigkeit und Vernünftigkeit von Verhinderung von Leben herausfilterte, ist ein (bedauerliches, fürchterliches) Glanzstück des Rationalismus: „Die Forderung, dass defekten Menschen die Zeugung anderer ebenso defekter Nachkommen unmöglich gemacht wird, ist eine Forderung klarster Vernunft und bedeutet in ihrer planmäßigen Durchführung die humanste Tat der Menschheit. Sie wird Millionen von Unglücklichen unverdiente Leiden ersparen, in der Folge aber zu einer steigenden Gesundung überhaupt führen."[82]

Bevor wir nun allzu schnell über die Idee der Zwangssterilisation von Behinderten im Dritten Reich den Kopf schütteln, sollten wir zur Kennt-

---

80 Adolf Hitler: Zweites Buch, S. 56f.
81 Eric Voegelin: Die politischen Religionen. Stockholm 1939 (EA Wien 1938), S. 9
82 Adolf Hitler: Mein Kampf, S. 279f.

nis nehmen, dass das „Gesetz zur Verhütung erbkranken Nachwuchses" (GzVeN) von 1933 noch bis 1968 in Geltung war, das die Sterilisation ganzer Bevölkerungsgruppen ermöglichte. Noch 1992 sollen jährlich etwa 1.000 geistig behinderte Mädchen zwangssterilisiert worden sein.[83] Und auch heute finden die rationalen Argumente für die Zwangssterilisation und die vernünftigen Gründe wegen des Elends behinderten Lebens, das sich durch Fortpflanzung perpetuiert, in der Bevölkerung breite Zustimmung.[84] Dass damit Adolf Hitlers grauenhafte Rationalisierung des Lebens als richtig bestätigt wird, wird übersehen oder als historische Fußnote abgetan. Übersehen wird dabei nicht nur, dass das Recht auf die geschlechtliche Identität, zu der auch die Kinderzeugung gehört, zur Freiheit der Person und damit zu den „Menschenrechten" zählt.[85]

Wenn man die Menschenrechte aus „Vernunftgründen" an diesem Punkt außer Kraft zu setzen bereit ist – Ethik hat eben Vernunft, aber kein Ethos –, stellt sich auch noch das schwierigere, ja unlösbare Problem, dass festgelegt werden muß, welches Leben im Einzelfall lebenswert ist und welches nicht, welcher Behinderte, der immer individuell und in Graden behindert ist, gegen seinen Willen kastriert werden darf. Ist hierzu irgend jemand berufen?

Kommen wir noch einmal auf die Frage zurück, welche Position der Rationalismus im Nationalsozialismus eingenommen hat. War er Mittel zum Zweck, zur mythischen Erlösung des Volkes aus der Not? Oder war er selbst der Zweck, das Ziel die Durchrationalisierung der materiellen Welt, zu der – über seine Gene und die Körperlichkeit – auch der Mensch zählt?

Hätte das Dritte Reich einen lebendigen Mythos gepredigt, hätte die Lehre, gemäß der geltenden Definition für einen Mythos[86], anders als die Naturwissenschaft, das Ideelle und das Materielle zu einer unlöslichen Einheit verschmelzen müssen. Doch das große ideelle Ziel, Erlösung durch Eroberung des Lebensraums zu bewirken, ist nicht ideell, sondern ganz irdisch und materiell, und verschmilzt mit nochmals Materiellem, also der

83 Artikel „Zwangssterilisation", Wikipedia
84 Dies ist der subjektive Eindruck des Verf.
85 „Allgemeine Erklärung der Menschenrechte", Artikel 3 über die Freiheit
86 Kurt Hübner: Die Wahrheit des Mythos. München 1985, [2]2010, S. 105ff.

Rationalisierung der Gesellschaft. Auch ist ein Mythos keine gegenwärtige Entwicklung, sondern übergeschichtlich. Schon die Gefahr, noch scheitern zu können, läßt, sobald sie fühlbar wird, von einem Mythos nur leeres Pathos zurück. Das Fehlen des Ideellen und seine Zukünftigkeit erweisen den Mythos der Nazis als Pseudomythos, als phantastisch aufgebauschte Ideologie, als Stilisierung einer menschenverachtenden Optimierung der Gesellschaft. Der Nationalsozialismus feiert seine „rational-humanistische" Vernünftigkeit, deren hohle Eigenzwecklichkeit mit propagandistischem Aufwand vertuscht werden sollte, wie ein Bild von Mark Rothko, das mit künstlerischem Gestus maximal leer ist und in dem nur der sich spiegelnde Betrachter erscheint.

Es war die auch heute prosperierende „Wirklichkeitswissenschaft", der szientifische Materialismus, der der Rassentheorie eine akademische Grundlage verschaffte und die die letzten verglimmenden Reste von geistiger und spiritueller Auffassung in der Öffentlichkeit erstickt hat. Ihr höchster Ratschluß, damals wie heute, liegt darin, den Menschen auf das Einssein mit der Materie zu reduzieren. Durch die angebliche Omnipotenz der Chemie des Menschen (Gene, Gehirn und Umwelt) wird diese Behauptung scheinbar grandios bestätigt. Bewiesen ist sie nicht, aber der Mensch wurde durch sie weltanschaulich zum Ding. In seinem sog. Zweiten Buch, das erst nach dem Krieg veröffentlicht wurde, spricht Hitler ebenso emotionslos von der „Erträgnisfähigkeit des Bodens" wie vom „Wert des Menschenmaterials".[87]

Eingriffe in unser Erbgut, Veränderung und Verbesserung unseres Genpools, „Ausmerzung" von Leben, das manche (auch heute mit Vernunftgründen) für lebensunwert halten, sind Folgen dieses unsäglich primitiven Menschenbildes. Wenn auch „die Rasse" heute keine ernstzunehmende Größe mehr ist, ist es die „mathematische Gesetzmäßigkeit" (Adolf Hitler[88]) des Erfolges von Eingriffen in die Genetik (bei Hitler „Rassenpflege"), die „Machbarkeit", die die Auswahl (also Züchtung) von Merkmalen wieder ermöglicht, und die rational sanktionierte Tötung von durch was auch immer (angeblich) behindertem Leben.

---

87 Adolf Hitler: Zweites Buch, S. 57; und in Mein Kampf, S. 481 f.: „Der Staat hat die Verpflichtung, mit äußerster Sorgfalt und Genauigkeit aus der Gesamtzahl der Volksgenossen das von Natur aus ersichtlich befähigte Menschenmaterial herauszusieben und im Dienste der Allgemeinheit zu verwenden".

Auch wenn die materialistischen Lehren in ein analytisches, der Kommunismus sogar in ein „wissenschaftliches" System gebracht wurden – eine besonders tiefe Verbeugung vor dem Vernunftimperativ der Aufklärung –, blieb ihre Letztbegründung, das ideale Ziel der Gesellschaft, mythisch bzw. scheinmythisch und sollte das entstandene Sinndefizit für ihre eigene Durchsetzung nutzen. Ein mythischer Materialismus, also die Emporhebung der Materie auf die Sinnebene, mußte freilich scheitern und ist auch weltweit (bis auf Nordkorea und Kuba) untergegangen, weil Materie (die materielle Gerechtigkeit, die den einzelnen und seine individuelle Glückshoffnung vergewaltigt, um das Wohl des Kollektivs zu erreichen), jedermann nachvollziehbar, keinen Sinn verbürgt, für den es zu leben lohnte.

Deshalb ist zu vermuten, dass auch der „nationale Sozialismus" bei längerer Lebensdauer aus seiner Logik heraus nicht „funktioniert" hätte. Der neue, moderne Pseudomythos, der das reine und häßliche Materialdenken auch in sakral scheinenden Formen präsentierte, konnte die Rationalisierung aller Lebensvollzüge und die Entwürdigung des Individuums nicht überspielen. Dass der Materialismus auch seine Verlockungen besitzt, darauf schoben die linken Philosophen Theodor W. Adorno und Max Horkheimer 1943 die Verantwortung für den Erfolg des Nationalsozialismus: „Dass der hygienische Fabrikraum und alles, was dazu gehört, Volkswagen und Sportpalast, die Metaphysik stumpfsinnig liquidiert, wäre noch gleichgültig, aber dass sie im gesellschaftlichen Ganzen selbst zur Metaphysik werden, zum ideologischen Vorhang, hinter dem sich das reale Unheil zusammenzieht, ist nicht gleichgültig."[89]

Die beiden Philosophen waren als Kritiker des Kapitalismus selbst Materialisten und konnten den Fluß der Philosophie, in dem sie mit allen materialistischen Lehren mitschwammen, wohl kaum von oben betrachten. Aber sie haben den Untergang der Metaphysik und den Materialismus als ihre Abgeltung richtig erfaßt. Es ist Hitlers primitive, aber bis heute wirkende philosophische Bedeutung, Rationalismus und Materialismus der Aufklärung keinem neuen Mythos untergeordnet, sondern beide selbst mythisch

---

88 Adolf Hitler: Mein Kampf, S. 408 (Raubdruck)
89 Horkheimer und Adorno, S. 10

geformt zu haben. Der Rationalismus eines ums Überleben (seiner Erbinformation) kämpfenden Volkes sollte zum Glauben aufsteigen, der dem Bedürfnis nach einem Sinn, der das Menschsein in seinen Tiefen erlebbar macht, also nach einer Religion, entgegenkam. Aber konnte der Scheinmythos Adolf Hitlers das Bedürfnis nach Religion wirklich abdecken? Waren seine religiösen Zeichen Ausdruck religiöser Substanz oder nur ein das Christentum ausbeutender Parasitismus?

b. Die scheinreligiösen Merkmale des Nationalsozialismus

Wir erkannten bereits, dass das Volk als Letztbegründung, die ihrer Natur nach überrational ist, Kant und Hitler miteinander verbindet. Ebenso die Sinnbegründung der Alleinstellung des Subjekts in der Welt. Um der Gefahr zu begegnen, dass die neue, biologisch begründbare Weltanschauung sich verselbständigen und zu einer Religion des Individuums oder Subjekts ausarten könnte, wie sie die Französische Revolution mit einer Göttin der Vernunft hervorgebracht hatte, lehnte der Diktator die Bezeichnung und Ausgestaltung der Bewegung als Kult ab. Goebbels griff das Problem auf und verkündete, „dass an die Stelle des Einzelmenschen und seiner Vergottung nun das Volk und seine Vergottung tritt".[90]

Irritierend ist allerdings der häufige Gebrauch religiöser Schlagwörter (Vorsehung, Gott). Adolf Hitler selbst, als maßgeblicher Bildner der deutschen Version des Nationalsozialismus, war freigebig in der Verwendung religiöser Bilder wie der Endzeitlichkeit und Erlösung. Dies war in den zwanziger Jahren bedeutungsvoll, weil die politischen Parteien, die Kommunisten, die Sozialdemokraten, die kapitalorientierten Konservativen usw. die menschlichen Bedürfnisse auf Materielles reduziert hatten, was in weiten Kreisen als monströse Abstraktion[91] empfunden wurde. Deshalb war die ide-

90 Joseph Goebbels: „Das deutsche Theater und seine Aufgaben", Rede vom 8. Mai 1933, zitiert nach Fest, S. 581
91 Ein Begriff von Fest, S. 149

elle Überformung des materialistischen Personbegriffs mit der Volksschul-mythologie von Lebensraum, Rasse, Volk und dem erwähnten angeblichen Überlebenskampf des germanischen Menschen etwas Eigenes, das sich mit seinem Bezug zur Natur empfahl. Alfred Rosenberg wußte, dass der Natio-nalsozialismus erfolgreich sei, weil er „vor allem weltanschaulich begründet" war. Die Sendung sei „durchblutet und durchtränkt mit einer großen Idee, mit einem starken Glauben".[92] Auf der Führertagung in Bamberg verkündete Hitler am 14. Februar 1926 sogar, das Parteiprogramm von 1920 sei „die Gründungsurkunde unserer Religion, unserer Weltanschauung".[93] Kurz nach der Machtergreifung war wieder Rosenberg damit zu hören (1934), dass der Nationalsozialismus statt einer politischen Lehre ein spiritueller Prozeß sei. Die „geistig-seelische Umschmelzung" des Volkes stehe erst am Anfang.[94]

Vor dem leeren Horizont der verblaßten Religion war Gott wohl immer noch ein potentes Schlagwort. In „Mein Kampf" beruft sich Adolf Hitler auf den Menschen als „das Ebenbild des Herrn".[95] Er habe auch „See-lenzustände"[96], die auf den ersten Blick nicht Ausdrucksformen der lebenden Materie zu sein scheinen, sondern, irgendwie, genuin geistige Zustände: „Indem ich mich des Juden erwehre, kämpfe ich für das Werk des Herrn." Hitler sprach sogar von der „Absicht des Himmels" und davon, dass Natur und Auslese „göttlicher Wille" seien.[97] Er diskutierte in „Mein Kampf" mit offenkundiger Sympathie „die Unzerstörbarkeit der Seele", die „Ewigkeit ihres Daseins", die „Existenz eines höheren Wesens". Er schwärmte von der „gesetzmäßigen Kraft apodiktischen Glaubens" als „Kampffaktor".[98]

Die eherne Unabänderlichkeit, die Schonungslosigkeit des (biologi-schen) Auserwähltseins, der Matrize der Bewegung, dem die Apokalyptik als Patrize gegenüberstand, die Ausweglosigkeit des zum Kampf Aufgerufen-seins, all das war von beinahe alttestamentlichem Zuschnitt. Die Endzeitlich-

---

92 Alfred Rosenberg: Der Kampf um die Weltanschauung, S. 4f.

93 Zitiert nach Fest, S. 338

94 Alfred Rosenberg: Der Kampf um die Weltanschauung, S. 11

95 Adolf Hitler: Mein Kampf, S. 107 (Raubdruck)

96 Adolf Hitler: Mein Kampf, S. 224 (Raubdruck)

97 Adolf Hitler: Mein Kampf, S. 39, S. 84 (Raubdruck)

98 Adolf Hitler: Mein Kampf, S. 225 (Raubdruck)

keit wurde im Zweiten Weltkrieg sogar auf entsetzliche Weise Wirklichkeit für die ganze Welt. Alfred Rosenberg predigte vor den Soldaten der Westfront 1940, es gehe um „Sein oder Nichtsein". Seit dem Ersten Weltkrieg sei der „große Weltkampf zwischen Blut und Gold" entfesselt.[99] Es gehe, so Rosenberg, um den „Endsieg"[100] und um das „ewige Deutschland".[101]

Das „Tausendjährige Reich", das von den Münsteraner Wiedertäufer des 16. Jahrhundert noch als religiöse Verheißung in Erinnerung war, war eine Vorstellung, die bei den Nazis, auf Biologie und Genetik gegründet, Anspruch auf das Wirklichwerden erhob. Rosenberg sprach vom „Mysterium des Blutes", in dessen Zeichen „der Zellenbau der deutschen Seele, des deutschen Volkes wieder vor sich" gehe.[102] Wenn der Parteifunktionär Gregor Strasser, der aus Anlaß der Durchsetzung des Hitler-Grußes schrieb, das „große Geheimnis" der Bewegung sei „der glühende Glaube an die sieghafte Kraft dieser Befreiungs-, dieser Erlösungslehre"[103], ist allerdings erkennbar, dass die Anleihen an das Christentum propagandistisch verwertet wurden. Ob das Kopieren der Begriffe religiös substituiert war, erscheint schon auf den ersten Blick fragwürdig, wenn wir Rudolf Heß zuhören, der behauptete, der „Volksführer" sei einer der „großen Religionsstifter".[104]

Zentral ist für eine Religion, darauf wird man sich wohl allgemein verständigen können, Partizipation an Transzendenz. Während in der christlichen Religion diese Teilhabe an Überweltlichkeit Grundlage der menschlichen Verfassung ist, treten im Nationalsozialismus an die Stelle der Transzendenz die Magie und der Wille zur Macht, der die „Vorsehung" durch Rituale und Erfüllung mythischer Gebote wie die Auslöschung des Judentums manipuliert.[105] Eine Manipulation Gottes ist eine Umdeutung des Got-

99 Alfred Rosenberg: Der geschichtliche Sinn unseres Kampfes. Rede von Reichsleiter Rosenberg vor Soldaten der Westfront (16. April 1940). (Berlin 1940), S. 12 und 19 (Tornisterschrift des Oberkommandos der Wehrmacht. Abteilung Inland 1.1939/1940, Heft 9)

100 Alfred Rosenberg: Wesen, Grundsätze und Ziele der NSDAP, S. 48

101 Alfred Rosenberg: Der Kampf um die Weltanschauung, S. 23

102 Alfred Rosenberg: Der Kampf um die Weltanschauung, S. 12

103 Zitiert nach Ian Kershaw: Hitler. Stuttgart 2000, Bd. 1, S. 377

104 Ian Kershaw, Bd. 1, S. 377

tesbegriffs, der damit erlischt; denn ein Gott, der vom Handeln des Menschen abhängt, ist kein Gott, sondern allenfalls ein Totem, die Projektion des Überlebens der Gruppe auf Materie.

Die sehr einfache und, wie gesagt, fadenscheinige Metaphysik, deutet die Welt trotz der verwendeten Schlagworte nicht von einer göttlichen Kraft, sondern vom Menschen und von seinem biologischen Material her, dem allerdings ein übermaterieller, geistiger Rang zukommen sollte. Eine Metaphysik des Immanenten ist jedoch niemals mehr als eine Scheinmetaphysik, der Geist, der die Materie hebt, aber sich in die Materie zurückfaltet, ein logischer Zirkel.

Nun könnte man einwenden, dass auch das Überleben des Volkes im Kampf der Völker eine auf Ewigkeit gerichtete, transzendente Vorstellung gewesen sei. Abgesehen davon, dass sie, wie wir zuvor gesehen haben, ein Mittel zur Rationalisierung der Gesellschaft gewesen ist, leidet ihre Numinosität an Auszehrung: transzendent ist ja nicht irgendeine beliebige lächerliche Fiktion, sondern das Dritte, das zum Ich und der Welt, in denen es von vornherein enthalten ist, in der Wirklichkeit des Erlebens gnadenhaft hinzutritt und beides so aufeinander hinordnet, dass das Ich sich selber auf dieses Dritte hin verlassen kann und dann befähigt ist, sich zu überschreiten. Erst dieses Sichselbstübertreffen des Individuums ist Partizipation an Transzendenz, also Wirklichkeit mit Sinntiefe, in der der Mensch sein Menschsein als Beglückung erfährt, das, was unter "Glauben" verstanden werden kann und allein den weltweiten Siegeszug einer Religion, die nicht den Kampf, sondern das Leiden predigt, erklären kann.

Die Überschreitung des Ichs ist anthropologischer Kern der Transzendenz, aber nicht Gegenstand des Totalitarismus. In der nationalsozialistischen Despotie übertrifft sich höchstens das Volk in der Verbesserung seiner Gene und seiner militärischen Erfolge. Von Transzendenz findet sich keine Spur.

Kriterien für eine Religion sind Vorstellungen von Erlösung und Endzeitlichkeit. Eine Religion hört auf, wenn die Offenbarung sich erfüllt.

---

105 Dies ist eine Beobachtung von Philippe Burrin: Die politischen Religionen: Das Mythologisch-Symbolische in einer säkularisierten Welt, in: Der Nationalsozialismus als politische Religion. Hrsg. v. Julius H. Schoeps u. Michael Ley. Bodenheim 1997,

Eine politische Partei formuliert dagegen keine Endziele, nach deren Erreichen sie selbst überflüssig wird. Anders zunächst die NSDAP in ihrem ersten
Programm von 1922: „Hat die völkische Staatsauffassung und Weltanschauung gesiegt, dann hat auch die Nationalsozialistische Deutsche Arbeiterpartei
ihre Sendung erfüllt und kann vom Schauplatz abtreten." Der Nationalsozialismus „verwirft die Unsterblichkeitserklärung einer politischen Partei als
solcher".[106] Doch die Ziele des Dritten Reiches waren mitnichten metaphysisch und transzendental, sondern, wie gesagt, eindeutig physisch und immanent. Eine auf weltlichen Zielen gründende „Erlösung" kann folglich nicht
Ausdruck einer Religion sein, sowenig wie die Quartalszahlen der Deutschen
Bank, die den Vorstand von seiner Arbeit entlasten. So hat sich die NSDAP
nach dem Sieg „völkischer Staatsauffassung und Weltanschauung" und
Begründung einer Diktatur bekanntlich doch nicht aufgelöst. Sie war eben
keine Kirche, sondern nur eine politische Partei, der Nationalsozialismus
keine Religion, sondern eine Ideologie.

Auch die Entwicklungslosigkeit des Nationalsozialismus hat den
Irrtum motiviert, er sei eine Religion gewesen. Praktisch alles, was sich im
„Dritten Reich" ereignete, war in Hitlers Reden und Schriften der zwanziger
Jahre nachzulesen. Alles was geschah, die Auslegung der Programmschriften
in Politik, konnte von Beginn an gewußt sein. Die Starrheit und Lernunfä-
higkeit des Diktators mit einer religiösen Offenbarung zu vergleichen, ist
jedoch kühn, denn letztere ist nicht nur einmalig historisch, sondern muß sich
auch in tief gedachter, um Wahrheit und Logik des Seinsgrundes ringender
Hermeneutik immer wieder neu in die sich weiterentwickelnden und verän-
dernden Verständnismöglichkeiten der Menschen hin auslegen. Lehre besitzt, jedenfalls in der katholischen Kirche, aus gutem Grund den Rang einer
eigenen Glaubensquelle, in der der Geist sich weiter auswirkt. Statt einer
komplexen Vermittlungskultur, die die Offenbarung der Parteigrundsätze
von 1923 ausgelegt hätte, ist bei Hitler und seinen Gehilfen allerdings nur
Repetition von Phrasen und Pathos zu finden.

S. 168-185 (Studien zur Geistesgeschichte. Hrsg. v. Julius H. Schoeps, Moses Mendelssohn Zentrum für europäisch-jüdische Studien, Universität Potsdam. 20.), der auf
Forschungsleistungen der älteren Literatur verweist (Jean Cazeneuve), S. 181
106 Alfred Rosenberg: Wesen, Grundsätze und Ziele der NSDAP, S. 11

Wenn zur religiösen Kapazität einer „Offenbarung" neben der Entwicklungslosigkeit ihrer geschichtlichen Erscheinung auch die Entwicklungsfähigkeit ihres Verständnisses gehört, kann von einer Religiösität der nationalsozialistischen Anschauung der Welt auch aus diesem Grund nicht ernstlich gesprochen werden. Dagegen könnte eingewandt werden, dass der Nationalsozialismus eine zu kurze Lebenszeit besaß, um eine Verständniskultur seiner "Offenbarung" hervorzubringen. Abgesehen davon, dass nicht zu sehen ist, auf welche Weise der Nihilismus eines reinen Materialismus durch Auslegung geistig vertieft werden könnte, war es Adolf Hitler selbst, der Aufschluß gab, dass es sich bei dem Ganzen nicht um Religiösität, noch viel weniger um Religion handelte, sondern um eine "Idee", eine Ideologie, die auf richtige Weise dem "kleinen Sterblichen" vermittelt werden müsse: „Aus allgemeinen Vorstellungen muß ein politisches Programm, aus einer allgemeinen Weltanschauung ein bestimmter politischer Glauben geprägt werden." Dieser müsse, „da sein Ziel ein praktisch erreichbares sein soll", "der Idee an sich zu dienen haben".[107]

Die Literatur hat genügend herausgearbeitet, dass Adolf Hitler die religiöse Anverwandlung der Bewegung selbst durchgehend abgelehnt und Bestrebungen dahin entgegengewirkt hat.[108] Dass ihm die Religion mit Politik grundsätzlich unvereinbar erschien, deutete er in „Mein Kampf" an; er spricht er über den Mißbrauch, „der von seiten einer sogenannten ‚christlichen' Partei mit dem Christentum getrieben wurde," sowie über die „Unverschämtheit, mit der man den katholischen Glauben mit einer politischen Partei zu identifizieren versuchte".[109]

Immer wurde in der Literatur vermutet, dass der Diktator seine religiöse Rede manipulativ einsetzte, denn es genügt nicht, sagt Mirabeau[110], den

---

107 Adolf Hitler: Mein Kampf, S. 225 (Raubdruck)

108 Einen guten Überblick bietet Hans Mommsen: Nationalsozialismus als politische Religion, in: 'Totalitarismus' und ‚Politische Religionen'. Konzepte des Diktaturvergleichs. Hrsg. v. Hans Maier. Paderborn, München, Wien, Zürich 1997, 2.Bd., S. 173-181 (Politik- und Kommunikationswissenschaftliche Veröffentlichungen der Görres-Gesellschaft. 17.)

109 Adolf Hitler: Mein Kampf, S. 294

110 Bronislaw Baczko: Les imaginaires sociaux Mémoires et espoirs collectifs. Paris 1984. S. 53, die Übersetzung bei Burrin.

Menschen die Wahrheit zu zeigen, sondern dass man „sich auch ihrer Phantasie bemächtigen" müsse. Dafür gibt es auch Hinweise, wie das vorige Zitat oder die aus Hitlers Jugend überlieferte Episode, dass er begeistert war von der Geschichte der Frau Csillag, die mit manipulierenden und betrügerischen Methoden Haarwuchsmittel verkauft hatte. Das Hitler-Zitat bezeichnet präzise das nationalsozialistische Ranking von Mythos und Zweck, die Benutzung von religiösen Mechanismen für das politische Ziel: „Propaganda, Propaganda so lange, bis daraus ein Glaube wird und man nicht mehr weiß, was Einbildung und was Wirklichkeit ist", denn Propaganda sei „die Grundessenz jeder Religion (…), ob Himmel oder Haarpomade".[111] Dieses Zitat ist nicht sicher authentisch, aber die politische Ausnutzung von Mythos und Glauben ist auch durch über jeden Zweifel erhabene Äußerungen Hitlers nachgewiesen: „Sicherlich ist dieser [Glaube] nicht der Zweck an sich, sondern nur ein Mittel zum Zweck; doch ist er das unumgänglich notwendige Mittel, um den Zweck überhaupt erreichen zu können."[112]

Hitler wußte von einem „ewigen Ideal", das „als Leitstern einer Menschheit" sich damit abfinden müsse, „die Schwächen dieser Menschheit zu berücksichtigen, um nicht an der allgemeinen menschlichen Unzulänglichkeit von vornherein zu scheitern."[113] Der Glaube an die beschränkte Auffassung der Masse, der den Glauben an die Berufung des einzelnen, von der Natur begnadeten Individuums konterkariert, ist übrigens ein Widerspruch, der auch ebenfalls bei Immanuel Kant nachzulesen ist. Dieser notierte, der „große Haufen", ohne den das Individuum nicht denkbar ist, sei „gedankenlos".[114]

Auch wenn der Diktator die propagandistischen Möglichkeiten des Glaubens, die Ausrichtung des Denkens auf ein das Individuum übertreffendes Ideal schätzte, ohne ihn zugleich gering zu achten oder ihm selbst zu entsagen, war dies praktizierte Aufklärung, die Rückanbindung einer (nur

---

111 Zitiert nach Fest, S. 79

112 Adolf Hitler: Mein Kampf, S. 224 (Raubdruck)

113 Adolf Hitler: Mein Kampf, S. 225 (Raubdruck)

114 Immanuel Kant: Was ist Aufklärung?, S. 36 Und nochmals die Worte Adolf Hitlers: „Die breite Masse ist blind und dumm und weiß nicht, was sie tut." Adolf Hitler. Reden. Schriften. Anordnungen, Bd. 1, S. 315

transzendental möglichen) Glückseligkeit an Materie und an Zweckmäßigkeit. Wir würden zu kurz greifen, wenn wir die scheinreligiöse Façon einer Argumentation ohne weitere Prüfung als Betrug abtun würden. Denn es ist möglich, und es war bei den Schöpfern des Dritten Reiches auch der Fall, dass diese ihrem Mythos selber anhingen, dessen propagandistischen Wert sie kannten, sich aber auch von ihm tragen und beflügeln ließen, von einem Anspruch, der alles, auch das eigene Leben unter ein großes Ziel der Machbarkeit stellt.

Auch wenn die biologistische „Eschatologie" eine scheinreligiöse Versprechung war, war der Voluntarismus, der die fehlende Philosophie und die nicht existierende ideologische Substanz überbrückte, sein im Aktionismus der Aufmärsche kulminierendes Pathos, so stark, dass einfachere Geister sich daran binden konnten. Der Diktator usurpierte die Macht nicht, wie man weiß, um, wie alle Diktatoren es bis heute tun, Reichtümer beiseite zu schaffen für ein Leben nach der Diktatur[115], denn er war selbst ein Begeisterter.

Adolf Hitler war eben nicht nur kluger Propagandist, sondern auch echter „Prophet", der die Menschen mit charismatischer Selbstverbürgung in eine Hochstimmung zu versetzen wusste. Zeit seines Lebens war er selbst ein von seinem eigenen Weltuntergangsdrama Getriebener, ein noch im Verfall seiner Kräfte von seiner Idee des Kampfs der Völker selbst Getragener, also, so überraschend es klingt, ein Idealist, in dessen sich überschlagender Stimme sich hysterische Not, geglaubte Untergangsgefahr und Abwehr von Todesbedrohung den Zuhörern mitteilten.

In der biographischen Literatur wird die Meinung vertreten, dass Hitlers Weltszenario auch eine wagnerianisch-dramatische Abrechnung mit seiner kleinbürgerlichen Herkunft ist und eine Rache an der Gesellschaft, die ihn übersehen und in seiner Jugend dem Obdachlosenheim überlassen hat. Diese plausible psychoanalytische Erklärung stützt immerhin den Eindruck, dass sein Eifer, biographisch verankert, echt gewesen ist.

---

115 Darauf hat Fest hingewiesen. Es ist bekannt, dass Hitler selbst erst spät zu Vermögen kam über die Urheberrechtsabgaben für die Verwendung seines Bildnisses auf Briefmarken, Münzen etc. Eine Strategie reich zu werden, hatte er sowenig wie jeder andere authentische Weltuntergangsprediger, der an eine große Idee glaubt und sein Leben tatsächlich in den Dienst an dieser Idee stellt.

Ian Kershaw betont in seiner großen Hitler-Biographie, der Diktator habe sich an eine abstrakte Vision gehalten. „Aber", rätselt er noch, „keinem anderen NS-Führer oder ‚völkischen' Politiker gelang es, die innere Geschlossenheit, Einfachheit und den allumfassenden Charakter dieser ‚Vision' zu erreichen."[116]

Doch greift man immer noch zu kurz, wenn man den „Glauben" der Nazis nur als Propagandamittel und als Ausdruck einer psychotischen Selbstüberhöhung eines verkannten Genies registriert, in dem ein den Materialismus in Frage stellender Geist waltet. Der „Glaube" war im Nationalsozialismus konsequenterweise biologische Notwendigkeit, denn er helfe mit, so der Diktator, „den Menschen über das Niveau eines tierischen Dahinlebens zu erheben".[117] Der „Glauben", den Hitler nicht definiert, sondern als Tatsache voraussetzt, ist mithin für den Menschen konstitutiv, moralisch-funktionale Eigenschaft, die zweckmäßig ist. Hitler: „Man darf also wohl feststellen, dass nicht nur der Mensch lebt, um höheren Idealen zu dienen, sondern dass diese höheren Ideale umgekehrt auch die Voraussetzung zu seinem Dasein als Mensch gehören. So schließt sich der Kreis."[118] Wenn also „der Glaube" zu den „Voraussetzungen" des Menschen zählt, konnte Hitler sich selbst von ihm wohl kaum freisprechen. Das Wissen um die Konzessionen zu Gunsten effektiver Propaganda steht dem „Glauben" des Propheten an seine eigene Botschaft durchaus nicht im Weg.

Die biologistisch-materialistische Inanspruchnahme von Religion ist ein Resultat des Relativismus, der die Welt auf das Subjekt hin ordnet, und entspricht der Klitterung von Wissensbruchstücken, die den Nationalsozialismus auch sonst charakterisiert. Wichtig war, was Aufklärungsgut ist, dass der Mensch über das, was in ihm angelegt ist, nicht von außen her überherrscht werden kann: Die Religion, deren Klerus durch seine Wissenschaft sicherstellt, dass Geglaubtes keine Halluzination, sondern der Vernunft zugänglich ist und Sinn verbürgt, wäre die Fremdbestimmung, die den Menschen wieder als geistiges Geschöpf über die Materie und seine Biologie stellt. Dies ist jedoch das Gegenteil der nationalsozialistischen Weltanschau-

---

116 Ian Kershaw, Bd. 1, S. 373
117 Adolf Hitler: Mein Kampf, S. 224 (Raubdruck)
118 Adolf Hitler: Mein Kampf, S. 224f. (Raubdruck)

ung. Nationalsozialistisch ist die Einsprengung religiöser Bezüge in die Rede, die, unsystematisch und vage, nicht mehr als vom Christentum zehrendes Pathos anzeigen und religiös substanzlos sind. Hitler selbst gibt wieder Aufschluß darüber, dass seine zahlreichen religiösen Verweise und seine „Religion" der Enthusiasmus über die Biologie und die Erhaltung der Rasse ist: „Das einzige ist deshalb, die Gesetze der Natur zu erforschen, damit man sich nicht gegen sie stellt; es hieße das sonst, sich auflehnen gegen ein Firmament! Wenn ich an ein göttliches Gebot glauben will, so kann es nur das sein: die Art erhalten".[119]

Der vom Diktator beschworene Totemsglauben diente folglich der Totalisierung von Materie und Immanenz, die in der Totalität der Nationalstaaten im 19. Jahrhundert die Weltbühne betreten hatte. Der Wissenschaftlichkeit, auf die der Materalismus sich stützt, liegen allerdings Gedankenfreiheit und Individualismus gefährlich nahe, im Sinne der Machthaber zersetzende humanistische Anlagen, die vom Scheinmythos der Untergangsgefahr zumindest kurzfristig paralysiert werden konnten. Auschwitz und Mauthausen stehen für einen „spezifisch antihumanistischen Verzauberungsversuch (Burrin[120]), der den zersetzenden liberalen Nexus der Wissenschaft durch die Rationalität überwältigte, mit der der KZ-Arzt Aribert Heim (1914-1992) gesunden Gefangenen Gift ins Herz spritzte, nur um die Zeit bis zum Eintritt des Todes zu messen. Am Individuum vollzog die Wissenschaft ihren Triumph über die Individualität, der Rationalismus seinen Sieg über die Humanität am einzelnen, der Materialismus über die Spiritualität, das Genie über die Person. Am Totemspfahl des Materialismus sollten Menschenopfer die Welt zum Paradies verklären.

Die Kenntnis des scheinreligiös-euphorisch-rationalistisch-psychotischen Habitus der Nazis löst auch andere Rätsel, zum Beispiel, dass im Krieg bis zum Schluß weitergekämpft wurde. Wäre es nur um Politik und Territorialansprüche gegangen, hätte bereits 1942/1943 ein Frieden geschlossen werden können und müssen. Weil es aber um die zum Überlebenskampf

---

119 1. Dezember 1941, Henry Picker: Hitlers Tischgespräche im Führerhauptquartier. Neuherausgegeben von Professor Dr. Percy Ernst Schramm. Stuttgart 1963; http://www.spiegel.de/spiegel/print/d-46163194.html

120 a.a.O., S. 182

hochstilisierte Auseinandersetzung und damit um den Nachweis der Auser-
wähltheit der deutschen Rasse ging, kam ein Frieden nicht in Frage. Es galt
die Befreiung vom Mangel an Lebensraum, also die Erlösung oder der Untergang des Volkes. Eine alttestamentliche Schablone, die dem biologisti-
schen Mythos Leben einhauchen sollte: dem auserwählten Volk ist gelobtes
Land verheißen. Dorthin muß es sich aufmachen, ansonsten muß es vergehen. Die Liturgien der Massenaufmärsche und der apokalyptischen Material-
schlachten des Krieges feierten diesen Aufbruch und holten die scheinbar
mythische Predigt in die sichtbare Wirklichkeit.

Der Diktator stellte ein ganzes Volk in den Dienst seiner Idee, ein
Dienst, der den eigenen Tod einschließt. Ganz zuletzt, im Führerbunker,
schrieb Eva Braun einer Freundin deshalb auch nicht, Hitler gebe auf, sondern: „Er hat den Glauben verloren."[121]

Wie wenig dieser „Glauben" allerdings religiös gewesen ist und wie
rational er in Wahrheit war, könnten wir ohne nähere Kenntnis schon der gar
nicht transzendentalen Tatsache entnehmen, dass er ihn verlor, weil der
Krieg verloren war. Umgebracht hat er sich dann ebenfalls nicht, wie man
weiß, als religiöses Opfer im nationalsozialistischen Dienst, als vorläufigen
Schlußakt im mythischen Überlebenskampf des deutschen Volkes, sondern
wieder aus ganz rationalen, vernünftigen Gründen. Er wollte nicht in die
Hände der Feinde fallen und nicht auf dem Roten Platz in Moskau zur Schau
gestellt werden.

c. Die „politische Religion" – aufgeklärter Subjektivismus in der Wissenschaft

Fassen wir zusammen: Ihre mythische Weltsicht, die sie auch als
„Glauben" bezeichneten, sahen die Nationalsozialisten als Teil der Verfassung des Menschen an. Diese ist nicht geistig, sondern biologisch. Auch der
Geist und mit ihm der Glaube ist Materieexpression, der eine Welt verheißt,
die nicht größer ist als der Mensch. Der „Glauben" der Nationalsozialisten

war als biologische Notwendigkeit Teil der materialistischen Rationalität des Lebens. Religion ist aber nichts dergleichen. Sie ist nicht biologisch, sondern vor allem Ausdruck des Waltens eines Geistes, der eine Welt verheißt, die größer ist als das Subjekt. Glauben ist nicht nur weltimmanent, sondern vor allem transzendental, er reflektiert die Schwebe von Rationalität und Spiritualität, die geistkörperliche Dualität des Menschen.

Vor dem Hintergrund der religiösen Leere des nationalsozialistischen Pathos ist die real wirksame emotionale Hochstimmung seiner mythisch bebilderten Territorialansprüche dennoch bemerkenswert. In der Gewißheit, die keinen Zweifel erlaubt und ihn ausdrücklich verbietet, ohne ihre eigene Vernünftigkeit bis ins Letzte begründen zu können, wirkte sich das Diktatorische Kants aus, das seine Sicht der Dinge – bis heute – mit Empörung und Verfolgung verteidigt. Die christliche Religion, die zwar auch, aber erst nach 1800 Jahren, in einer besonderen historischen Situation für ihre eigenen Lehrfragen eine mythische Unfehlbarkeit festgestellt hat, war dagegen zu allen Zeiten mit Lehren, Schulen, Häresien etc. konfrontiert und bedroht und hat von ihnen auch profitiert. Mit der realen Gefahr, in Konfessionen zu zerfallen, wurde ein Schatz von Glaubensauffassungen erkauft, der das Ringen genialer Geister um die Wahrheit der menschlichen Existenz dokumentiert. Wer die Geschichte des Glaubensbekenntnisses in den ersten Jahrhunderten in den Texten seiner Zeit unbefangen nachliest, hat Anlaß zum Staunen über den Reichtum von Intellektualität und Rationalität, die das Mythische des Lebens zu ergreifen sucht.[122]

Wenn wir die Geschichte des Denkens betrachten, könnte man provokativ sagen: Kontroverse und ideale Vielfalt ist genuin religiös und hat die Entscheidungskraft der Kirche in eigenen Angelegenheiten erst begründet, die ihr heute gern als autoritär vorgeworfen wird. Apodiktisches Meinungs-

---

121 Zitiert nach Fest, S. 1007

122 Die Lehrentscheidungen der frühen Kirche sind Gesänge der Menschheit, die an Idealität und an Schönheit des intellektuellen Ringens um Wahrheit mit nichts anderem zu vergleichen sind, s. Enchiridion symbolorum definitionum et declarationum de rebus fidei et morum. Kompendium der Glaubensbekenntnisse und kirchlichen Lehrentscheidungen. Hrsg. von Heinrich Denzinger. Freiburg, Basel, Wien [40]2005; hier finden sich auch die Beschlüsse der Zweiten Synode von Orange aus dem Jahre 529, aus denen das dieser Schrift voranstehende Motto entnommen ist.

verbot *ohne* Meinungsvielfalt trifft dagegen heute diejenigen, die die Aufklärung – mit Vernunftgründen – in Frage stellen. Als nicht bei Sinnen gilt, wer sich der Diktatur der Rationalität und den standardisierten Prozessen, auf die das Leben reduziert ist, verweigert. Seitdem Immanuel Kant die Religion zum Gegenpol seiner Philosophie gemacht hat, trifft die christlichen Kirchen die Ablehnung, ja offene Feindschaft, die heute in den Medien offen ausgetragen wird und die sogar zur Staatsräson zu gehören scheint.[123]

Alles das könnte dahinstehen, hätte nicht gerade das Dritte Reich uns gelehrt, wohin Rationalität und Herabstimmung des religiösen Ethos auf eine verhandelbare Ethik uns bringen können und dass es dann nur einer historischen Krisensituation und eines fähigen Agitators bedarf, um die Menschheit ins Unglück zu stürzen.

Die Religion, die sich als einzige Instanz gegen jede Vernichtung von Leben stemmt, zum Quellort der Unmündigkeit zu machen, ist die Musterbegründung der Aufklärung. Wie natürlich erscheint der rationalistischen Gegenwart der Nationalsozialismus als „politische Religion", eine Klassifikation, die aber doch wohl eher den eigenen Ort in der Geschichte der Philosophie markiert. Da Rationalität und Materialismus uns vom Nationalsozialismus vom Grundsatz her nicht trennen, sondern uns ganz konkret, in der Tötungsgesetzgebung unübersehbar, verbinden, was anderes kann uns noch zur Abgrenzung verhelfen als die simpel-schlüssige Vereinbarung, dass das Unwesen des Dritten Reiches eine „Religion", also ein durch nichts zu erklärender Spontanrückfall in die längst überwundene „Unmündigkeit" gewesen sei?

Der Verdacht entsteht, dass der Begriff, der den von Immanuel Kant vorgeführten Popanz weiter aufbläht, vielleicht eine Projektion der eigenen Irrationalität ist, wie sie im eigenen Beweisglauben (Wirklichkeit sei nur das, was dem Beweis unterworfen werden kann) vorliegt, in der darauf gründenden Wissenschaftsgläubigkeit (Szientismus) und in der fehlenden Letztbegründung der Rationalität (in der Unbeweisbarkeit „der Vernunft"

---

123 Ich beziehe mich hier zum Beispiel auf die Kritik der Bundeskanzlerin Angela Merkel an Papst Benedikt XVI., die offensichtlich weniger sachlich begründet als auf mediale Selbstdarstellung kalkuliert war. Papst Benedikt XVI. hat sich in seinem Schülerkreis betroffen über das Niveau deutscher Politiker geäußert. – Zur Räson in

und des Problems der menschlichen Fehlerhaftigkeit, die im „Beweis" mitenthalten ist). Sicher ist, dass die These der „politischen Religion" den Subjektivismus in die Wissenschaft einführt, denn die verwendeten Definitionen von Religion orientieren sich weder an der Religionswissenschaft noch an der Religionsphänomenologie. Die These wird zum überlieferungsfreien Raum, den individuelle Definitionen ausfüllen. Die Subjektivität, die die Begriffe verwirrt, leitet die Wissenschaft natürlich nicht im Interesse der Wahrheit.

Martin Wieland ist wohl der erste, der den Begriff der „politischen Religion" im Deutschen verwendet hat[124], mit dem er auf das Wesen der Jakobiner zielte (1793). Julien Benda sprach 1927 über die materialistischen Ideologien, also über Kommunismus, Sozialismus, Liberalismus, Nationalsozialismus, Kapitalismus, als „Religionen des Temporalen" (1927). Der bereits erwähnte Philosoph Eric Voegelin (1901-1985), der Politikwissenschaft lehrte, wandte dann den Begriff der Religion auf den Totalitarismus an (1938).[125] Er beklagt in seinem im blumigen Stil der Zeit abgefaßten Buch „Die politischen Religionen", dass der Kampf gegen den Nationalsozialismus aus sittlichen Gründen, aber nicht „radikal" geführt werde, also nicht von seiner „Wurzel in der Religion" her.[126] „Um die politischen Religionen angemessen zu erfassen," fordert er, „müssen wir daher den Begriff des Religiösen so erweitern, dass nicht nur die Erlösungsreligionen, sondern auch jene anderen Erscheinungen darunter fallen, die wir in der Staatsentwicklung als religiöse zu erkennen glauben".[127] Eine Erweiterung des Religionsbegriffs, die ihn entscheidend verwässert. Eric Voegelin hält Religion für

---

der Wiege des Christentums zählt sogar auch die Streichung der Anrufung Gottes in der geplanten Verfassung Europas.

124 Hans Otto Seitschek: Frühe Verwendungen des Begriffs 'Politische Religion': Campanella, Clasen, Wieland, in: 'Totalitarismus' und 'Politische Religionen', 3. Bd., S. 109-120

125 Über Benda zuletzt Jan-Werner Müller: Julien Benda's Anti-Passionate Europe, http://www.princeton.edu/~jmueller/EJPT-BendasEurope-JWMueller.pdf. Über Voegelin z.B. Hans Otto Seitschek: Die Deutung des Totalitarismus als Religion, in: 'Totalitarismus' und Politische Religionen', 3. Bd., S. 129-177

126 Voegelin, S. 8

127 a.a.O., S. 12

„Erregungen der Kreatürlichkeit", die reich an Schattierungen sei, für „Versuche von Selbstdeutung", also doch immer für eine Sache der Subjektivität, in der sich Wahrheit und Einbildung als „subjektiv" nicht auseinanderhalten lassen. Seine Erweiterung von „Geistreligionen" und „innerweltlichen Religionen" ist demnach nicht nur subjektivistisch, sondern auch noch unsystematisch: „Die Geistreligionen, die das Realissimum im Weltgrund finden, sollen für uns überweltliche Religionen heißen; alle anderen, die das Göttliche in Teilinhalten der Welt finden, sollen innerweltliche Religionen heißen."[128]

Auch wenn Voegelin die „Erlösungsreligionen" nicht diskriminieren wollte, fallen diese seiner Definition zum Opfer – verhieß doch auch der Nationalsozialismus als „innerweltliche Religion" siegreiche Erlösung aus dem Kampf der Völker, finale Erlösung aus dem Mangel an Lebensraum etc. Auch ist der Unterschied zwischen „Weltgrund" und „Teilinhalten der Welt" als Rechtfertigung dafür, totalitäre Ideologien als „politische Religion" zu bestimmen, nur schwer einzusehen, liegt beiden doch jeweils ein „Realissimum", etwas „Allerwirklichstes" zu Grunde, das selbst nichts anderes als ein Gottesbegriff ist. Da nützt es nichts zu behaupten, dieses rücke für die politisch-Religiösen „an die Stelle Gottes" und verdecke ihn, Gott.[129]

Voegelin gelingen allerdings auch analytisch brillante Formulierungen. „Die Menschen können den Weltinhalt so anwachsen lassen, dass Welt und Gott hinter ihm verschwinden, aber sie können nicht die Problematik ihrer Existenz aufheben. Sie lebt in jeder Einzelseele weiter, und wenn Gott hinter der Welt unsichtbar geworden ist, dann werden die Inhalte der Welt zu neuen Göttern; wenn die Symbole der überweltlichen Religiosität verbannt werden, treten neue, aus der innerweltlichen Wissenschaftssprache entwickelte Symbole an ihre Stelle." Demnach wird der Glauben der politisch-Religiösen nicht von der Politik oder Ideologie begründet, sondern vom Szientismus, der diktatorischen Wissenschaftlichkeit, die einen erkenntnistheoretischen Diskurs über sich selbst nicht bis zu den Grundlagen zulässt und die tatsächlich – bis heute in den westlichen Ländern – an die verlassene Stelle des Glaubens getreten ist. Voegelin bestätigt dies: „Die innerweltliche

---

128 a.a.O., S. 18
129 a.a.O., S. 17

Gemeinschaft hat eine Apokalypse so wie die christliche Ekklesia, nur bestehen die neuen Apokalyptiker darauf, dass ihre Symbolschöpfungen wissenschaftliche Urteile seien."[130]

Dass die Abgeltung der Religion durch Schaffung eines Surrogates von den Nazis selbst nicht beabsichtigt war, hatten wir bereits vernommen. Adolf Hitler verbot, die Bewegung als „Kult" zu bezeichnen, „weil dadurch ihr Wesen [das der nationalsozialistischen Feiern] als Ersatz, als Konkurrenzunternehmen, gegenüber dem christlichen Kult offenkundig gewesen wäre" (Vondung[131]). Selbstverständlich bestätigt das Verbot, dass die Verwechslungsgefahr eine reale Bedrohung war, und es ist hinlänglich bekannt, wie die saugende Anheftung an die alte Religion auch aktiv von führenden Nazis gefördert wurde. In christliches Brauchtum sollten nazistische Symbole einsickern. Beispiele sind das Hakenkreuz als „Stern" auf dem Weihnachtsbaum oder der Putsch von 1923, der als Passionsspiel inszeniert wurde.[132]

Hierher gehört auch der „deutsche Gruß" „Heil Hitler!", der als religiös konstruierte Formel „Heil durch Hitler" verhieß[133], aber ihre metaphysische Kraft ins Biologische lenkte, denn der „Führer" war ja kein Gott oder Sohn Gottes, sondern gewissermaßen der Therapeut, an dem der Volkskörper genesen würde. Gerade die Vorstellungen eines „Führers" und seiner Begnadung waren die emotionalen Agenten, die die kalte Unfehlbarkeit des wissenschaftlich argumentierenden Rassismus in die Masse der Bevölkerung vermittelten. Das im Geniegedanken aufflackernde Transzendentale ist aber nur der Überbringer der Nachricht – Sinn wird von der Wissenschaft begründet und ist von höchster, mechanischer Rationalität. Der Dienst des Meta-

---

130 Voegelin, S. 50, „Die ‚Welträtsel' werden inventarisiert und gelöst", wobei „das Wissen um die fundamentalen Seinsfragen und um die Formensprache, in der sie zu behandeln sind, als allgemeines [verfällt] und [dieses Wissen] zieht sich auf kleine Kreise zurück. Indifferentismus, Laizismus und Atheismus", die die Seinsfragen ungelöst sein lassen, „werden die Merkmale des öffentlich-verbindlichen Weltbildes".

131 Klaus Vondung: Magie und Manipulation. Ideologischer Kult und politische Religion des Nationalsozialismus.. Göttingen [1971], phil. Diss.. Univ. München, S. 44

132 Vondung, S. 163

133 C.-E. Bärsch, S. 138f.

physischen an der Sinnbegründung von Rationalität ist, wie wir bereits sahen, Prinzip der Aufklärung. Kants Aufforderung, seinen Verstand „ohne Leitung eines anderen"[134] zu gebrauchen und dadurch mündig zu werden, erfüllt sich in der Rationalität der Wissenschaft, die jedermann wegen ihres Beweisprinzips zugänglich und, sozusagen, institutionalisiertes Selberdenken ist. Die philosophisch unantastbare (unbezweifelbare) Autorität der Wissenschaft, die das kollektive Denken aus der Unmündigkeit erlöst, zwingt im Dritten Reich zu dem Schluß: Wer seine Zustimmung zu den Prinzipien einer „rational-humanistischen" Forschung verweigert, die in den Menschenversuchen in den Konzentrationslagern kulminierte, fällt in die eigene Unmündigkeit zurück

Formalisierung ist ein geistiger Akt, der auf das Wesentliche reduziert[135] oder das Wesentliche eliminiert. Dafür, dass „politische Religion" eine Formalisierung ohne Kern, leere Form ist, finden wir den Grund wieder bei Le Bon: „Nicht nur dann ist man religiös, wenn man eine Gottheit anbetet, sondern auch dann, wenn man alle Kräfte seines Geistes, alle Unterwerfung seines Willens, alles Gluten des Fanatismus dem Dienst einer Macht oder eines Wesens weiht, das zum Ziele und Führer der Gedanken und Handlungen wird."[136]

Als Aufklärer kann der Politikwissenschaftler Voegelin Religion nicht von ihrem Wesen her, nicht systematisch „begreifen". Sie ist ihm vor allem ein Mittel der Psychologie der Massen, Kommunikationsmodus des Kollektiven. Die Formalisierung von Religion, die bei Voegelin stattfindet, ist noch keine vollständige Zerstörung des Wesentlichen, aber die Entleerung, die Subjektivierung und Relativierung vorbereitet. Deshalb wurde es dann in den späteren Forschungsbeiträgen bequem möglich, die akademische Religionsphänomenologie beiseite zu lassen zu Gunsten eines selbstgemachten Gottesbegriffs.

Der Historiker Philippe Burrin, der darauf hingewiesen hat, dass „politische Religion" natürlicher Bestandteil der entspiritualisierten moder-

---

134 Immanuel Kant: Was ist Aufklärung?, S. 35

135 Z.B. in der christlichen Religion im Dogma von der Heiligen Dreifaltigkeit als Beschreibung der Ursprungswirklichkeit des Geistes.

136 Le Bon, S. 47

nen Nationalstaaten sei, die darin ihre Totalität zur Erfüllung bringen, hat die Hohlheit des Begriffs erkannt. Wenn „Religion" unbestimmt bleibt, könne „politische Religion" auch auf Demokratie und Republik angewendet werden, denn zum Beispiel die Französische Revolution entwickelte sofort einen Ersatz für das verbotene Christentum (Kult der Vernunftgöttin).[137] Dennoch konzediert auch Burrin, dass der Nationalsozialismus „mit dem Religiösen" „verwandt" sei, was die Religion im allgemeinen, psychologischen Bereich vorsieht.

Auch wenn es von vornherein haarsträubend erscheint, eine Politik, die auf Menschenvernichtung gegründet ist, als „Religion" zu bezeichnen (es gibt dafür in der Geschichte kein Beispiel), findet die These des Nationalsozialismus als „politische Religion" in der Gegenwart breite, fachübergreifende Zustimmung, wie sie bei aller Differenzierung und nur vereinzelten kritischen Stimmen während der Tagung der Katholischen Akademie in München 1994 mit dem Thema „Totalitarismus und Politische Religionen" zum Ausdruck kam.[138] Der Konsens ist so grundlegend, dass „Politische Religion" als „Religionstypus" (Hans Maier[139]) gilt. Zur Vorsicht rät der Historiker Hans Günter Hockerts, der lieber von „politischer Religiosität" spricht. Da die zivile und militärische Realität des Dritten Reiches vom Terminus „politische Religion" verfehlt werde, empfiehlt er „politische Säkularreligion" als Begriff für einen Aspekt des Dritten Reiches.[140] Klaus Schreiner beruft sich auf die Vorgeschichte religiöser Rede in der Kaiserzeit und votiert für „reli-

---

137 a.a.O., Schoeps/Ley, S. 168-185

138 Anschaulich in den dokumentierten Diskussionen, veröffentlicht in: 'Totalitarismus' und ‚Politische Religionen'. Konzepte des Diktaturvergleichs. Hrsg. v. Hans Maier. Paderborn, München, Wien, Zürich 1996, z.B. im 1. Bd.: [Beiträge einer Tagung der Katholischen Akademie, München 1994], S. 155-170 (Politik- und Kommunikationswissenschaftliche Veröffentlichungen der Görres-Gesellschaft. 16.)

139 Hans Maier: Politische Religion – Staatsreligion – Zivilreligion – politische Theologie, in: 'Totalitarismus' und Politische Religionen', 3. Bd., S. 217

140 Hans Günter Hockerts: War der Nationalsozialismus eine politische Religion? Über Chancen und Grenzen eines Erklärungsmodells, in: Zwischen Politik und Religion. Studien zur Entstehung, Existenz und Wirkung des Totalitarismus. Hrsg. v. Klaus Hildebrand. München 2003, S. 45-71 (Schriften des Historischen Kollegs. Kolloquien 59.), S. 71, ein exzellenter Überblick über das Thema.

giöse Dimension nationalistischer Ideologie".[141] Der Historiker Hans Mommsen ist, soweit ich sehe, der einzige, der bislang grundsätzlich von der Verwendung des Begriffs der „politischen Religion" für die Beschreibung des
Wesens des Nationalsozialismus abgeraten hat.[142] Er gebe die Verhältnisse
im Dritten Reich „nur unzulänglich" wider; es ermangelte der Lehre
schlechthin der ideologischen Substanz, um eine politische Religion „mehr
als zu simulieren"; er erkennt, dass das Eintreten für die nationalsozialistische Idee „eine Leerformel" gewesen sei, die „schwerlich geeignet war, in
den Rang einer politischen Religion aufzusteigen".[143] Dieser wichtige Hinweis blieb während der Tagung, die sicher repräsentativ für den akademischen Diskurs gewesen ist, kaum mehr als die Stimme eines einzelnen.

Der Begriff der „politischen Religion" ist aus Gründen, die in die
Tiefen intellektueller Rechtfertigung reichen müssen, von alle Bedenken
überwältigender Überzeugungskraft. Er ist eine Idee, die schon ‚an sich' –
ganz oder in bestimmten Bezügen – als richtig empfunden wird und ihre
Verteidiger einer ausreichenden Begründung überhebt. Der Wiener Michael
Ley wies Hans Mommsen mit diktierendem Gestus, der vermeintliche
Selbstverständlichkeiten aufruft, zurecht: „Ein extremer Nationalsozialismus
ist eine politische Religion. Man kann diesen europäischen Nationalismus
nicht begreifen ohne seine religiösen, teilweise apokalyptischen Wurzeln.
Und ein extremer Nationalsozialismus ist natürlich extrem religiös, es ist
eine extreme politische Religion."[144]

Der Politikwissenschaftler Dietmar Herz stimmte Mommsen zwar
zu. Die Kategorie der „politischen Religion" sei „kaum tauglich, die Mas-
senbewegungen des 20. Jahrhunderts ausreichend zu charakterisieren", aber
auch er läßt sie nicht fallen, sondern bestimmt sie als „ein taugliches archäo-
logisches Instrument, um die Wurzeln der Bewegung freizulegen, die in

---

141 In seinem Beitrag über Messianismus, in: Zwischen Politik und Religion. Studien
zur Entstehung, Existenz und Wirkung des Totalitarismus. Hrsg. v. Klaus Hildebrand.
München 2003 (Schriften des Historischen Kollegs. Kolloquien 59.), S. 43

142 Wofür er heftig von Kollegen kritisiert wurde, s. ‚Totalitarismus' und ‚Politische
Religionen'. Konzepte des Diktaturvergleichs. Hrsg. v. Hans Maier. Paderborn, München, Wien, Zürich 1997, 2. Bd., S. 195.

143 a.a.O., S. 179, 181

144 a.a.O. S. 195

unserem Jahrhundert so bestimmend wurden".[145]

Um die Popularität der Idee besser zu verstehen, werfen wir einen genaueren Blick auf die Arbeiten von zwei Politologen, die dem Begriff der „politischen Religion" jeweils eine eigene Monographie gewidmet haben.

In der Nachfolge Voegelins steht die Politikwissenschaftlerin Evelyn Völkel, die 2008 in ihrer Dissertation „Der totalitäre Staat – das Produkt einer säkularen Religion?" die Perspektive von „Herrschenden und Beherrschten" unterschied und fand, dass die „politische Religion" doch eher eine „säkulare Religion" gewesen sei. Die (schein)religiösen Zeichen des Nationalsozialismus hätten keine „Erlösung" signalisiert, sondern seien Zeichen einer Gesellschaftsutopie gewesen seien.[146]

Damit erfüllt sie die formale Anforderung Voegelins an eine „innerweltliche Religion", die eben keine „Erlösungsreligion" sein könne. Die Umlegung des religiösen Terminus, des Versprechens des Himmels auf Erden, in einen der Soziologie bzw. Politikwissenschaft zugänglichen Begriff, der doch dasselbe verheißen haben würde, führt allerdings kaum weiter. Ihr Resultat ist, dass der „Deutungsanspruch" von dem, was „falsch und böse sei und was zerstört werden müsse, um dem Wahren und Guten zum Sieg zu verhelfen", „sonst nur von Religionen" erhoben werde. Deshalb sei der Nationalsozialismus eine Religion.[147]

Dass die Deutung von falsch oder richtig, böse oder gut im Dritten Reich mit Vernunftgründen erfolgte, also streng rationalistisch, ja über die Genetik und Biologie sogar wissenschaftlich begründet war, ist ein übersehener Grundtatbestand. Ebenso eindeutig ist die Behauptung: „Durch einen neuen Gottesbegriff fand der Nationalsozialismus seine Legitimierung. [...] Ein neuer Glaube war entstanden."[148]

---

145 Dietmar Herz: Die politischen Religionen im Werk Eric Voegelins, in: ‚Totalitarismus' und ‚Politische Religionen'. Konzepte des Diktaturvergleichs. Hrsg. v. Hans Maier. Paderborn, München, Wien, Zürich 1996 [Band 1], S. 209 (Politik- und Kommunikationswissenschaftliche Veröffentlichungen der Görres-Gesellschaft. 16.)

146 Evelyn Völkel: Der totalitäre Staat – das Produkt einer säkularen Religion? Die frühen Schriften von Frederick A. Voigt, Eric Voegelin sowie Raymond Aron und die totalitäre Wirklichkeit im Dritten Reich. [Baden-Baden 2009] (Extremismus und Demokratie. Hrsg. v. Uwe Backes und Eckhard Jesse. 18.), Diss., TU Chemnitz, S. 8

147 Völkel, S. 379

148 Völkel, S. 379

Was sie unter einer „religionsähnlichen Kategorie" versteht, verrät sie dem Leser freilich nicht. Auch nicht, welches der „neue Gottesbegriff" ist.[149] Dennoch richtet sie an anderer Stelle: „Die Gottesvorstellung der Nationalsozialisten und ihren Glauben als Religion zu bezeichnen wird abgelehnt. Der Nationalsozialismus entbehrt schließlich jeder Tiefe und Höhe menschlichen Denkens und vor allem kennt er keine Erlösung – die conditio sine qua non einer Religionsdefinition."[150]

Wie das zusammengeht: Ein neuer Glauben, aber keine Religion? Eine säkulare Religion? Man muß davon ausgehen, dass Evelyn Völkels Vorstellung von Glauben endgültig formalisiert und leer ist und zwar so, dass Religiösität sich weder von simpler Einbildung noch von psychopathologischen Symptomen unterscheidet. Ein Defizit an Kenntnis stellt sie selbst „bei vielen Historikern und Politikwissenschaftlern" fest und fordert: „Wer Religion als Untersuchungsgegenstand hat, muß wenigstens in Grundzügen ihre Inhalte kennen".[151] Eine Anforderung, die in keiner Weise zustimmungsfähig ist, denn die Kenntnis nur von „Grundzügen" qualifiziert niemals zu einem so dezidierten wissenschaftlichen Urteil, wie die Autorin es vorträgt.

Als Vertreter negativer Voreinstellung zu Religion besonders markant tritt Claus-Ekkehard Bärsch (Jahrgang 1939) auf. Der Schüler Eric Voegelins und Hochschullehrer für Politische Wissenschaft, hat eine 400 Seiten starke Untersuchung über „Die politische Religion des Nationalsozialismus" (1998) vorgelegt. Sie fußt auf Voegelins subjektivistischer Religionsauffassung und hat sie weiterentwickelt.

Die Arbeit, die sich durch umfangreiche Einbeziehung der Originalquellen des deutschen Nationalsozialismus empfiehlt, hat den Anspruch der „Erfassung der NS-Ideologie" und glaubt, einen „neuen Weg zur Beurteilung des Nationalsozialismus" zu eröffnen.[152] Am Dritten Reich zeige sich,

---

149 Im Kapitel 2.1.2 „Hitlers Gottesverständnis und Glaube" erfährt der Leser nichts Neues: Hitler habe Gott, Herrgott und Vorsehung als Schlagworte häufig eingesetzt, sich durch den Darwinismus beflügeln lassen und sich als besonders begnadet angesehen etc.

150 Völkel, S. 383

151 Völkel, S. 32

„dass die sogenannte Moderne per se nicht jenseits religiöser Implikationen beschrieben werden kann". Er, der über seinen Lehrer in der Idee einer „politischen Religion" steht, fordert sogar eine neue Disziplin, die „Religionspolitologie". Er plädiert dafür, „die NS-Ideologie religionspolitologisch neutral zu erfassen und zu interpretieren [...]. In einem [neuen] Wissenschaftsbereich Religionspolitologie wäre die Aufgabe zu erfüllen, alle Phänomene des Politischen [...] unter besonderer Berücksichtigung religiöser Implikationen zu untersuchen".[153] Er hat sogar ein gemeinnützig organisiertes „Institut für Religionspolitologie" begründet.

Professor Bärsch beklagt, dass die Idee seines Lehrers Eric Voegelin vom Nationalsozialismus als „politischer Religion" lange nicht aufgegriffen wurde, weil „Religion" „nicht in ein für die Gegenwart gültiges Konzept von Gesamtgeschichte" passte.[154] Tatsächlich hatte Eric Voegelin ganz offen mythisch argumentiert: Er ging in seiner Schrift – antirational – von der Existenz des Bösen nicht als nur „defizienten Modus des Seins" aus. „Man kann nicht eine satanische Kraft mit Sittlichkeit und Humanität allein bekämpfen".[155] Diesen Respekt vor der Religion teilt C.-E. Bärsch dagegen nicht, sondern bezieht persönlich Position gegen die Theologie, wenn er als selbstverständlich voraussetzt, dass das Böse keine Kraft, sondern „autosuggestiv", also Einbildung sei.[156]

An dieser vermeintlichen Selbstverständlichkeit sind Zweifel zulässig, denn gerade die Greuel und der Nihilismus der Nazis können wohl kaum allein mit menschlicher Fehlerhaftigkeit und individueller Autosuggestion erklärt werden. Doch sei dies dahingestellt. Was uns interessiert, ist die Tat-

---

152 C.-E. Bärsch, S. 9. Eine Vorausschau auf das Buch hat Claus-Ekkehard Bärsch unter dem Titel publiziert: Alfred Rosenbergs „Mythus des 20. Jahrhunderts" als politische Religion. Das „Himmelreich in uns" als Grund völkisch-rassischer Identität der Deutschen, in: 'Totalitarismus' und ‚Politische Religionen'. Konzepte des Diktaturvergleichs. Hrsg. v. Hans Maier. Paderborn, München, Wien, Zürich 1997, 2.Bd., S. 227-248 (Politik- und Kommunikationswissenschaftliche Veröffentlichungen der Görres-Gesellschaft. 17.), im Folgenden als „Artikel" zitiert.

153 C.-E. Bärsch, S. 13

154 ebda.

155 a.a.O., S. 8

156 C.-E. Bärsch, S. 224

sache, dass der Politologe sein Fach überschreitet und seine Befangenheit damit zu erkennen gibt, dass er die grundlegende religiöse Idee vom Bösen persönlich für Unfug hält. Verblüffend sind auch seine weiteren theologischen Einlassungen, etwa, wenn er, was kaum ein Berufsexeget des Neuen Testamentes wagt, die Apokalypse auslegt. Sie verspreche, so der Politologe, „den Christen" die Vernichtung der Ungläubigen. Er steigert damit den freien Umgang Voegelins mit dem Begriff der Apokalypse zu neuer subjektiver Höhe. Voegelin hatte den Begriff noch im übertragenen Sinn für die Gegenentwürfe der szientistischen Systeme genutzt, von denen in der Rassenlehre die minderwertige Rasse die Apokalypse gewesen sei.[157]

Auch die grundlegende Terminologie des Christentums stellt der Verfasser zu Gunsten einer eigenen Interpretation zurück. Dazu muß, um das folgende Beispiel transparent zu machen, eine Erklärung vorausgeschickt werden: Der „mystische Leib Christi" als sehr alter, ursprünglicher Kirchenbegriff läßt den eucharistischen Leib in den ekklesiologischen übergehen. Der Leib ist Sakrament und gleichzeitig das Zeichen der Wirklichkeit, die das Sakrament errichtet: Dieser mystische Leib Christi wird aus den in der Annahme des mystischen Leibes Christi mystisch sich vereinigenden Gläubigen gebildet. Der „Religionspolitologe" Bärsch erklärt hingegen, dass sich „schon in der christlichen Tradition" im Begriff des mystischen Leibes eine „binnenreligiöse Säkularisierung vollzogen" habe, „die reine Transzendenz Gottes wird aufgehoben" – weil er sich eine „Anwendung" des Dogmas auf „nichtkirchliche Personen, Gesellschaften und Institutionen" als gegeben vorstellt. Die Umlegung eines mystischen Begriffs auf soziologische Gruppen ist eine Vermengung von heterogenen Kategorien, die nur oberflächlich richtige Schlüsse erlaubt.[158]

Aber das Ziel der sachlich falschen Argumentation ist erkennbar: Religion sei schon im Christentum irgendwie säkularisiert gewesen, Gott, wenn nicht von „reiner Transzendenz", dann eben auch irgendwie immanent, also irdisch. Ein irdischer Gott oder Messias mit Namen Adolf Hitler wäre dann im Verlaufe der kircheneigenen Säkularisierung eine Erscheinung des

---

157 Voegelin, S. 52
158 S. 32

Christentums. Fehlt nur noch, dass der Antisemitismus der Nazis aus der Heiligen Schrift abzuleiten sei. Und genau dies ist der Clou der Untersuchung, eine Engführung, die weder der Hermeneutik der neutestamentlichen Offenbarung Johannis standhält noch der Argumentation der Nazis selbst. Ein christlicher Rechtfertigungsgrund für die Massenexekution der Juden im 20. Jahrhundert, etwa die Tötung Jesu, der bekanntlich selbst Jude war, spielte in der intensiven Propaganda, die doch selbst antichristlich war, praktisch keine Rolle. Die Bekämpfung des „Finanzjudentums", in dem sich der Marxismus auswirke, die rassische Minderwertigkeit etc. waren bekanntlich die Motive für den Antisemitismus der Nazis. Auch versagt die Bezichtigung des Christentums, Schuld am Aufkommen des Nationalsozialismus zu tragen, weil sie als Generalthese erklären können müßte, warum im Holocaust gerade nicht nur Juden, sondern auch Millionen Nichtjuden und darunter gerne Priester umgebracht worden sind. Von der Tatsache, dass es das Christentum war, das das grundlegende Trennungsverhältnis zum Staat kulturell begründet hat, ganz abgesehen.[159]

Eine religiöse Kultivierung des Dritten Reiches wäre in der Tat nur ohne das Christentum möglich gewesen. Abgesehen davon, war die Errichtung eines Kults vom Diktator, wie bereits erwähnt, seit den frühen Zwanziger Jahren an kontinuierlich ausgeschlossen und Tendenzen dazu skeptisch betrachtet worden. Hitler, der die Eigendynamik einer Religion fürchtete, seine Entmachtung als Alleininterpret, Religionsstreitigkeiten etc., machte sich lustig über den „kultischen Unfug" Rosenbergs und wies zuweilen Goebbels darob in die Schranken.[160] Für den areligiösen, nichtkultischen Charakter der Weltanschauung legt auch das Konkordat von 1933 Zeugnis ab, mit dem der Staat den Bereich des Kultischen, als nicht von sich selbst okkupiert und nicht okkupierbar, geregelt hat.

Folgen wir der weiteren Argumentation C.-E. Bärschs. Er flicht zwar ein, er behaupte nicht, dass der Nationalsozialismus aus dem Christen-

---

159 Die gesamte Kirchengeschichte reflektiert die Spannung zwischen Kirche und Staat. Dieser Wesenszug des Christentums geht auf Jesus selbst zurück: „So gebet dem Kaiser, was des Kaisers ist, und Gott, was Gottes ist!" Mk 12,13-17

160 Hans Günter Hockerts hat die Distanz des Diktators zum Nichtrationalen seiner Lehre zusammengefaßt, a.a.O., S. 60ff.

tum abgeleitet sei. Aber diese Deckung gibt er doch wieder auf, denn, so deutet er an, es „bestehen Ähnlichkeiten".[161] Eine „Strukturähnlichkeit" zwischen Christentum und nationalsozialistischem Rassismus, zwischen christlicher und arischer „Immanentisierung Gottes" sei zwischen dem „Ideologem Rasse" und dem Gottmenschentum Jesu gegeben.[162] Und dann: „Auf jeden Fall ist der Zusammenhang zwischen dem Bekenntnis zum positiven Christentum und dem Glauben an das Charisma Adolf Hitlers nicht zu verkennen."[163]

Längere Darlegungen leiten den Autor dann zu dem vorhersagbaren, allerdings erst einmal verklausulierten Ergebnis, für das Urchristentum einen Antisemitismus festzustellen, der die historische Rechtfertigung für die Nazis geworden sei.[164] Diese das Christentum massiv diskriminierende Unterstellung findet dann noch die letzte Zuspitzung: Der Mord an den Juden sei „primär eine Folge der religiösen Implikationen der NS-Ideologie".[165]

Trotz der Eindeutigkeit der Schuldzuweisung an die christliche Religion stellt er dann den Begriff der Religion zur Diskussion. Der „Religionspolitologe" definiert „Glaube im Gegensatz zu Wissenschaft und Philosophie", dies sei „wesentliches Merkmal bei der Verwendung des neuzeitlichen Begriffes der Religion".[166] Zunächst ist festzuhalten, dass die Gegenüberstellung von Glauben und Wissenschaft erkenntnistheoretisch aus verschiedenen Gründen problematisch ist, u.a. weil Wissenschaft bekanntlich auf unbeweisbaren, zu glaubenden Voraussetzungen beruht und Hypothesen, die die Wissenschaft weiterbringen, immer unbewiesen sind – und weil das Christentum auf Logik beruht; es hat sein Bewußtsein für die Wichtigkeit von Beweis und Glaubwürdigkeit schon im Neuen Testament unter Beweis gestellt[167] und im Hohen Mittelalter die bekannte große Kultur aristotelischer Logik entfaltet.

---

161 C.-E. Bärsch, S. 351 und 352

162 a.a.O. S. 360

163 a.a.O. S. 353

164 a.a.O., S. 344f.

165 a.a.O., S. 383

166 a.a.O., S. 368, Artikel S. 229

Wichtiger ist aber, dass die Begründung des Religionsbegriffs aus der behaupteten Abstoßung zur Wissenschaft das heilige Wissen der Aufklärung von der angeblichen Quelle der Unmündigkeit zitiert. Damit stellt sich der Verdacht ein, dass der Begriff der „politischen Religion" nicht von den historischen Tatsachen, sondern von der Religionsdiskriminierung der Aufklärung her motiviert ist, für die historische Zitate, ungeachtet ihres Kontextes, als Belege zusammengesucht werden.

Auch dass Kants negative Vorstellung von der Religion eine „Religion der Priester" insinuiert, hat ein Echo bei Professor Bärsch. Er sagt, dass die „reine Ausrichtung" des Glaubens an der Transzendenz die Benutzung des Begriffs der „politischen Religion" verbiete.[168] Diese richtige Erkenntnis zieht jedoch das Problem nach sich, wie wir uns denn eine Religion vorstellen sollen, die sich nicht an der Transzendenz ausrichtet, sondern dann weltlich-säkular sein muß.

Aber auch das können wir getrost übergehen, denn die Tatsache, dass er, wie Evelyn Völkel, sich vor allem auf den „Glauben" konzentriert, aber dennoch von „politischer Religion" spricht – „politischer Glauben" hätte ja keinen Stoß gegen die Religion, sondern im Zweifelsfall nur eine psychoanalytische Virulenz –, zieht ihm in jedem Fall den Vorwurf zu, die Religion, die in unserem Kulturkreis christlich ist, vorsätzlich und ungerechtfertigt zu belasten. Die Religion, die die Feindesliebe und das Vergeben bis zur Selbstaufgabe vertritt und eine erfüllende Spiritualität gegen Deviationen, die es natürlich auch immer gibt, glaubwürdig lebt, in den Dunstkreis von Massentötungen zu stellen, die den Menschen als ungeistiges Ding festsetzen, ist, ich komme nicht umhin es so zu sagen, eine Ungeheuerlichkeit, die entweder auf einem Vorurteil oder auf Unkenntnis beruht.

Der „Religionspolitologe" versteckt sich dabei nicht einmal hinter dem historischen Antisemitismus, wie er im Mittelalter und in der frühen Neuzeit aufgetreten und stark von Besitzinteressen aufstrebender bürgerli-

---

167 Im Neuen Testament ist die Tatsachenerzählung beweisorientiert. Das Zittern der Frauen im leeren Grab etwa (Mk 16,8) oder die Mitteilung, dass der Knecht, dem im Garten Gethsemane das Ohr abgehauen war, Malchus hieß (Joh 18,10), sind zwei der zahlreichen Angaben, die das Erzählte, als wirklich geschehen, mit Zeugen ausstatten und damit der Glaubhaftmachung unterwerfen.

168 a.a.O., S. 368, Artikel S. 229

cher Schichten geprägt war. Er schreibt ihn nicht einmal „der Kirche", was für gewöhnlich bedeuten soll: einzelnen Vertretern der Institution zu, die die Religion schlecht vertreten und ihre Idee korrumpiert haben – sondern direkt der Heiligen Schrift und der Religion Jesu zu. Wer nur eine leise Idee von der hohen Idealität, dem Ethos und dem Sinn des Christentums besitzt, kann derlei verstiegene Behauptungen, die ohne Not eine Milliarde Menschen kränken und beleidigen, nur unkommentiert lassen.

Dass dies jedoch keine Böswilligkeit des Autors ist, sondern doch wohl eine Unkenntnis, die zu den grotesken Behauptungen führt, will ich an einem weiteren Beispiel deutlich machen. C.-E. Bärsch entdeckt in der Wandlung des Weins zum Blute des Gottessohnes den Vorläufer der Göttlichkeit arischen Blutes: „Den Christen ist die Erfahrung der Göttlichkeit biologisch-realen Blutes nicht fremd".[169a] Dass die Transsubstantiation jedoch gerade keine chemische Umwandlung des Weins bewirkt und das Blut Christi nicht „biologisch-real" ist, ist jedem neueren Dogmatik-Handbuch zu entnehmen.[169b] Je nachdem welcher Lehrmeinung man folgt, wandelt sich der Sinn des Weines (Transfinalisation) oder seine Bedeutung (Transsignifikation). Dieser Sinn oder diese Bedeutung sind keine Zutat des Betrachters, sondern Wirklichkeit, die sich unter den Einsetzungsworten einstellt. Was sich nämlich wandelt, ist die *Substanz* von Brot und Wein (deshalb eben „Transsubstantiation"), und zwar so, „dass von den Konsekrationselementen außer ihrer sinnlichen Erfahrungswirklichkeit nichts zurückbleibt".[170]

Zu Grunde liegt die aristotelisch-scholastische Substanz-Akzidenz-Metaphysik, mit der in der Theologie um das Mysterium der Wirksamkeit Christi in der Geschichte, also um das Geheimnis seiner Realpräsenz auf höchstem intellektuellen Niveau, auf dem Semiotik, Epistemologie und Philosophie sich förmlich selbst übertreffen, gerungen wird – eine seit Jahrhunderten intensiv geführte Diskussion, in der über den Seinsgrund der Din-

---

169a C.-E. Bärsch, S. 361

169b Der Verf. schöpft seine theologische Kenntnis aus Werken des 19. Jahrhunderts bzw. des frühen 20. Jahrhunderts, die keineswegs falsch berichten, sich aber durch die Transparenz der neueren Lehrentwicklung natürlicherweise nicht auszeichnen können und zum richtigen Verständnis eine philosophische Schulung voraussetzen.

170 Lexikon für Theologie und Kirche, Bd. 10, Sp. 180f.

ge nachgedacht wird und über ihre „wahrhaft meta-physische Tiefe" (Joseph Ratzinger).[171]

Dass „den Christen" in der Transsubstantiation „die Erfahrung der Göttlichkeit biologisch-realen Blutes nicht fremd" sei, drückt folglich eine Unkenntnis aus, die das Christentum auf der primitiven Stufe der Magien der Amazonasstämme lokalisiert. Könnte man hiervon ausgehen, wäre eine Verwandtschaft der Religion mit dem Nationalsozialismus vielleicht gar nicht so abwegig. So aber liegen der „politischen Religion" konkret falsche Vorstellungen und ein Vorurteil oder zumindest eine Distanz zu Grunde, die dem Verstehen abträglich ist und für die der Subjektivismus von Eric Voegelins Gottesbegriff den Raum geschaffen hat.

Zur Ehre des „Religionspolitologen" C.-E. Bärsch muß man allerdings auch sehen: Er erweist sich als Aufklärer und zeigt, was das Überlieferungsverbot und das daraus folgende Abreißen der Wissenstradition bewirkt: Nach dem Lesen von einiger Sekundärliteratur (die er auf S. 344 ausdrücklich benennt), die ihn zum Selberdenken angeleitet hat, ist für ihn, glaubt er, ein zweitausendjähriger Diskurs in Religion und Theologie verständlich. Als Aufklärer hat er damit wenig falsch gemacht, denn Immanuel Kant hat ausdrücklich verboten, sich in die Abhängigkeit der Fachleute und damit in neue Unmündigkeit zu begeben und sich allzusehr auf das zu verlassen, was andere geschrieben haben.[172] Die moderne Philosophie stößt ihn damit gewisser-

---

171 Die Transsubstantiation ist sicherlich wie folgt zu verstehen: Ein Ziegelstein hat eine Bedeutung, die Substanz seines Seins ist; wird er in einem Haus verbaut, in dem eine Familie Schutz findet, gewinnt er eine bestimmte Bedeutung. Wird er jedoch in einer Brücke verbaut, wandelt sich seine Substanz (nicht sein chemischer Körper!), denn nun gewinnt er Bedeutung dadurch, dass er dazu dient, zwei Ufer miteinander zu verbinden. Und der springende Punkt ist: Die Bedeutung des Ziegelsteins ist gerade nicht symbolisch, was von der Wandlung von Brot und Wein immer geglaubt wird, sondern die Bedeutung des Hauses und der Brücke sind so real wie die Wirklichkeit Jesu Christi real ist, der unter den Einsetzungsworten des Priesters uns anschaut. – Dieser Gedankengang ist nun mitnichten ein theologisches Kunststück, sondern der Versuch, die Wirklichkeit zu verstehen, die uns andauernd begegnet. Wenn wir in einem Kriminalfilm ein Küchenmesser von WMF als Mordwaffe erleben oder wenn wir, ein Bedeutungs- und Substanzwandel besserer Art, auf einem Bescheid des Finanzamtes rasch die neue Telefonnummer einer geliebten Person notieren, ist dies ein Wandel der Bedeutung und der Substanz des Gegenstandes und damit der Wirklichkeit von großer Eindringlichkeit.

172 S. die Zitate zu Beginn dieser Schrift.

maßen auf fremdes Terrain, und schickt ihn kühn nach vorn, wie ein Leser medizinischer Fachliteratur, der sich, er weiß nicht wie, plötzlich mit Skalpell im Operationssaal vorfindet.

Die ausführliche Verunglimpfung der Lehre Jesu ist allerdings kein bedauerlicher Unfall eines einzelnen, sondern kehrt auch in anderen Publikationen wieder, die einen wissenschaftlichen Anspruch haben. Der renommierte jüdische Historiker Julius Schoeps veröffentlichte die Verleumdung von Joachim Riedl, der Nationalsozialismus speise sich kurzerhand unmittelbar aus der christlichen Religion: Die Katholische Kirche sei verantwortlich für den Antisemitismus Hitlers – von Golgatha nach Dachau! Hetze sei das Wesen der Kirche usw.[173] Dass ausgerechnet ein jüdischer Gelehrter durch Herausgabe dieser unsäglichen und durch nichts gerechtfertigten Schmähung die Katholische Kirche für den Holocaust direkt verantwortlich macht, könnte als Unkenntnis des Herausgebers über den genauen Inhalt dieses von ihm herausgegebenen kleineren Beitrags eines Journalisten erklärt werden. Er selbst sagt zwar, dass „die Religion" und Politik im Nationalsozialismus eine „symbiotische Einheit" bildeten, deutet Religion aber zunächst nicht als Kirche oder Religion, sondern als „heilstheologische Dimension" der Politik selbst.[174]

Aber leider läßt er sich dann doch darauf ein zu behaupten, dass die „propagierte völkische Ideologie einen christlich-religiösen Kern" gehabt habe, den er durch „liturgische Handlungen" der Nazis als gerechtfertigt ansieht.[175] So als ob pathetisch-emphatische Inszenierungen einer hysterisch-ekstatischen Mörder-Clique ihre haßerfüllte Theaterkulisse statt mit gestoh-

---

173 Joachim Riedl: Der lange Schatten des Kreuzes. Von Golgatha zur Svastika, in: Der Nationalsozialismus als politische Religion. Hrsg. v. Julius H. Schoeps u. Michael Ley. Bodenheim 1997, S. 53-73 (Studien zur Geistesgeschichte. Hrsg. v. Julius H. Schoeps, Moses Mendelssohn Zentrum für europäisch-jüdische Studien, Universität Potsdam. 20.)

174 Julius H. Schoeps: Erlösungswahn und Vernichtungswille. Die sogenannte „Endlösung der Judenfrage" als Vision und Programm des Nationalsozialismus, in: Der Nationalsozialismus als politische Religion. Hrsg. v. Julius H. Schoeps u. Michael Ley. Bodenheim 1997, S. 264 (Studien zur Geistesgeschichte. Hrsg. v. Julius H. Schoeps, Moses Mendelssohn Zentrum für europäisch-jüdische Studien, Universität Potsdam. 20.)

175 S. 264f.

lenen religiösen Schlagwörtern mit einer geistig hochreflexiven, seriösen Religion, die die Liebe predigt, hätten beleben können. So als ob Adolf Hitler, von dem dazu zahlreiche Einlassungen überliefert sind, das Christentum nicht abgelehnt hätte und Werkzeug der christlichen Apokalypse hätte werden wollen. So als ob im Holocaust nicht Millionen Nichtjuden umgekommen wären. So, als ob Kanzelprediger in einer doch auf breiter Front aufgeklärten Gesellschaft „bewußtseinsmäßig" „den Weg zur Lösung der sogenannten Judenfrage" hätten „ebnen" können (so Schoeps).[176]

Nachdenklich stimmt auch, dass Julius H. Schoeps das nationalsozialistische Bild der Juden als „Parasiten", das humanistische Grauen des 20. Jahrhunderts, schildert, aber gleichzeitig ignoriert, dass die Nationalsozialisten trotz aller Rhetorik keine Christen, sondern selbst die Parasiten gewesen sind, die sich am Christentum delektierten. Dass trotz des intensiven Dialogs, der zwischen Judentum und christlichen Kirchen mit großer Anstrengung seit Jahrzehnten gepflegt wird, der prominente Historiker sich massiv christentumsfeindlich exponiert, muß zur Kenntnis genommen werden. Die historische Verantwortung für die Morde der Nazis „den Christen" aufzubürden, erinnert an die demagogischen Vorwürfe der Zeitgenossen, die Goethe und Heinrich Heine gemacht wurden wegen der Selbstmorde junger Männer, die den Werther bzw. die Dramen Heines gelesen hatten.

Die Simplizität, auf die komplexe Zusammenhänge eingeschrumpft werden, ist richtiger Ausdruck des wiederholt diskutierten Überlieferungsverbotes der Aufklärung, an deren leere Stelle nun eine Metaphysik geglaubter Verantwortlichkeiten aufrückt. Die Mär von der Verantwortung der christlichen Religion für den Nationalsozialismus wird natürlich gern in einer Gesellschaft nacherzählt, in der abschätziges und kenntnisloses Sprechen über Religion zum gesellschaftlichen Konsens und in den Medien zum guten Ton gehört. Der Stoß gegen das Christentum ist fast in der gesamten Literatur zu spüren, nicht immer ausgesprochen, zuweilen nur in der sorglosen Verwendung christlicher Kategorien für psychologische und soziologische Beobachtungen sichtbar.[177] Oder auch subtil, wie in Ian Kershaws großarti-

---

176 S. 265-267. Dem Klerus diesen großen Einfluß auf „das Bewußtsein" einer Gesellschaft zuzuschreiben, erscheint für das städtisch dominierte und säkularisierte 20. Jahrhundert gewagt. Quellen, die diese weitreichende Behauptung stützen könnten, dürften kaum zu finden sein.

ger Biographie, wenn die „Mystik" der Macht Hitlers, die religiös wäre, offensichtlich mit dem Mythischen seiner Macht verwechselt oder vielleicht nur unrichtig übersetzt ist.[178]

Dass Vorbeurteilung der Kirche nicht nur in Kauf genommen, sondern gewollt und das Vorurteil auch noch theoretisch verteidigt wird, sagt uns Evelyn Völkel in klaren Worten. Es könne „keine neutralen Beobachter geben", wenn politikwissenschaftliche Untersuchungen religiöse Fragen betreffen. Ihre Ergebnisse, sagt sie, resultierten daher „aus einem bestimmten Weltbild sowie aus einem konkreten anthropologischen (Vor-)Verständnis der Verfasserin".[179] Was dies bedeutet, macht sie sofort klar. Für die totalitären Ideologien spielte „ihr Gottesverständnis eine entscheidende Rolle"[180], „die radikale Bücherverbrennung" erinnere sie an „die Feuer der Inquisition"[181], der Glaube setze „die Energien zum Terror und zur Verfolgung durch die Gestapo" frei etc.[182]

Kern ihrer „normativen Bindung" sind also nicht Forschung und Abwägung, sondern Vorurteil gegen Glauben und Religion. Ohne diese Voreinstellung sei Forschung, wie man wisse, gar nicht möglich. Philosophisch sichert sie ihre „normative Bindung" nicht ab (sie sei „neoaristotelisch"). In der Person des Akademikers begründete Zuschreibung von Mord und Totschlag an die Adresse der Religion ist eine „normative Bindung", die in der Wissenschaft als unzulässiges Vorurteil verworfen werden muß. Vom Gewinn einer Arbeit, die geschrieben wird unter der Perspektive eines Vorurteils, darf man verständlicherweise nicht zuviel erwarten. Um so

---

177 Ein neueres Beispiel ist das Buch von Ludolf Herbst: Hitlers Charisma. Die Erfindung eines deutschen Messias. Frankfurt a.M. 2010. Der Verf., der vom Verlag als „einer der besten Kenner des Dritten Reiches" angepriesen wird, schildert eine „messianische Erwartung der Mennschen", löst aber das Rätsel nicht auf, wie eine so konkrete religiöse Erwartung eines Erlösers, die keine Metapher sein kann, in eine säkularisierte Gesellschaft gepaßt haben könnte. Dem Autor reicht es, die Messianität Hitlers mit seinem „Charisma" zu erklären, ein Begriff, dessen Tiefe ebenfalls nicht ausgelotet wird.

178 Bd. 1, S. 25

179 S. 33

180 S. 34

181 S. 379

182 Völkel, S. 380

erstaunlicher ist die euphorische Beurteilung der Begleiter des Promotions-verfahrens: Der Nationalsozialismus sei „laut Völkel keine Religion", eine Erkenntnis, die auf der Hand liegen sollte, – „auch deshalb nicht, weil das Ende des NS-Systems das Ende der NS-Ideologie gewesen sei" (Vorwort der Herausgeber). Haben wir, fragt der verdutzte Leser, etwa in vielen Ländern keine blühende Naziszene, keine Rechtsradikalen, die Häuser in Solingen anzünden und Ausländer umbringen, um ein Zeichen gegen die Überfrem-dung zu setzen und damit Rationalismus und Ungeist des Dritten Reiches in der Gegenwart am Leben erhalten?

Die Subjektivität der aufklärerisch eingefärbten Einschätzungen verleitet schließlich zu der Behauptung, der Nationalsozialismus sei der besagte Unfall der Geschichte gewesen, ein Fremdkörper in der Entwicklung der aufgeklärten Gesellschaft. Er sei „historisch nicht notwendig" gewesen (Bärsch[183]). Wenn das Dritte Reich kein Teil der aufgeklärten Entwicklung der Gesellschaft zum reinen, vernünftigen Rationalismus gewesen ist, kann es, das ist das argumentative Ziel, nur eine unvernünftige Erscheinung gewe-sen sein, irrational, also mythisch und religiös in seinem Wesen, worauf seine Zeichen hin ausgelegt werden, und unvernünftig in seinem Wollen und Wirken. „Wer Religion verkennt, erkennt Politik nicht" (Bärsch[184]).

Die Unterstellung purer Unvernunft und geistigen Zurückgeblie-benseins ist somit die Grundlage des Religionsbegriffs, den Professor Claus-Ekkehard Bärsch verwendet: „Wird an Gott oder das Heilige geglaubt und die Differenz zwischen von Diesseits und Jenseits sowie irdischen und über-irdischen Mächten nicht geleugnet, sind im Rahmen dieser Untersuchung die wesentlichen Kriterin von Religion genügend bestimmt."[185] Den Unterschied zwischen Esoterik, die nur ihren Glauben hat, und Religion, die historisch verbürgt, der Wissenschaft zugänglich ist und vernünftig argumentiert, läßt er weg. Dies ist bedauerlich, denn würde der Nationalsozialismus unter der Perspektive einer „politischen Esoterik" oder semantisch richtiger noch als „esoterische Politik" verhandelt, wäre der Ansatz erstaunlich kreativ und nur schwer zu kritisieren.

---

183 C.-E. Bärsch, S. 384
184 C.-E. Bärsch, S. 11
185 C.-E. Bärsch, S. 36

Während Eric Voegelin, wie gesagt, das Christentum noch ausdrücklich aus seinem negativen Religionsbegriff ausschloß, fällt in der neueren Literatur dieser Unterschied meistens weg, und in der Politologie wird ungehemmt christlich-theologisch argumentiert, unter gleichzeitigem Verzicht auf genauere Kenntnis der Grundlagen und des Inhaltes des christlichen Glaubens. Wenn wir nicht gerade gelernt hätten, dass der Nationalsozialismus Teil der Geschichte der Aufklärung ist, müßte man sich darüber wundern, dass sein strategischer Umgang mit dem Christentum sich in der heutigen Politologie wiederholt.

Philosophiegeschichtlich ist die Vorstellung einer „politischen Religion", in der Religion vom jeweiligen Autor individuell bestimmt bzw. in einer wolkigen Unbestimmtheit belassen wird, in der Romantik einzuordnen. Als Oberbegriff wird fast synonym der Begriff „säkulare Religion" verwendet, der ebenfalls das Entscheidende offen läßt, nämlich wie etwas Weltliches Transzendenz transportieren kann. François Bédarida rechtfertigt den Begriff damit, dass säkulare Religion „religiöse Gefühle" von großen Religionen auf Ideologien und totalitäre Systeme übertrage.[186] Es ist wenig glücklich, das religiöse Gefühl als Ausdruck großer Religionen vorzustellen, da doch, wer seinen Schleiermacher gelesen hat, weiß, dass das Gefühl ein irrlichterndes Leiden der Romantiker ausgerechnet daran war, dass ihnen die Religion abhanden gekommen war.

Nun könnte man denken, dies sei einerlei. Aber die Folge falscher Begrifflichkeit ist, dass die pseudoreligiösen Muster des Nationalsozialismus nicht als Propaganda entlarvt, Pathos, Pomp, Todessymbolik und Religionszitate nicht als hohle Hilfsmittel seiner Herrschaft qualifiziert werden und deshalb „Religion" als Ursache für den Erfolg hingestellt werden kann, der in Wahrheit weitaus militärischer und rationaler als mythisch gewesen ist. Subjektive Einschätzung verfehlt zuweilen die Wirklichkeit auch in der Wissenschaft, in der doch für gewöhnlich noch immer, Gott sei Dank, Über-

---

186 François Bédarida: Nationalsozialistische Verkündigung und säkulare Religion, in: Der Nationalsozialismus als politische Religion. Hrsg. v. Julius H. Schoeps u. Michael Ley. Bodenheim 1997, S. 153-167 (Studien zur Geistesgeschichte. Hrsg. v. Julius H. Schoeps, Moses Mendelssohn Zentrum für europäisch-jüdische Studien, Universität Potsdam. 20.), S. 154

lieferung von Wissen und Kenntnis aus gutem Grund dem Gebrauch des eigenen Verstandes vorausgehen soll. Der Subjektivismus übt allerdings seinen Einfluß auch auf subtile Weise aus. Das Religionsverständnis von Hans Günter Hockerts, dem wir bekanntlich vorzügliche Beiträge zur Geschichte des Dritten Reiches verdanken, kennt den Begriff des „eigentlichen Leistungswertes des Religiösen", der in der Lebenswelt liege, d.h. in der Bewältigung des Lebens und in der Sinngebung.[187] Wenn ein oder gar „der" „Leistungswert" Charakteristikum der Religion wäre, wäre dem nur zuzustimmen. Aber diese transparente Sicht bis auf den Grund in der menschlichen Psyche büßt die Sicht auf den Gegenstand selbst ein, der allzu rasch zum Diagnosegegenstand der Psychoanalyse verkümmert.

Zur Entschiedenheit des heutigen Vorgehens paßt auch, dass, trotz verschiedener Ansätze, der Begriff der „politischen Religion" selbst nicht überzeugend reflektiert wurde. Zuallererst müßte doch gefragt werden, ob er nicht in sich widersprüchlich sei. Kann eine Religion denn überhaupt unpolitisch sein, gibt es eine „unpolitische Religion"? Da sie die Sinnfrage beantwortet und das Welt- und Menschenbild definiert, ist Religion natürlich allgemein und konkret schon von ihrem Wesen her maximal politisch. Eine bestimmte „Religion" als politisch zu bezeichnen kann dann nur zum Ausdruck bringen, dass eine (säkulare) Politik zur „Religion" gesteigert sei, ja, dass im vorliegenden Fall „die Religion" wie ein opiumartiges Rauschmittel erst die menschenverachtende Politik der Nazis erfolgreich gemacht habe. Dabei kommt es gar nicht mehr darauf an, was unter Religion verstanden wird: die Idee, die Lehre, der Glauben, die Gläubigen, die Kirchen. Der Begriff der „politischen Religion" besitzt eine demagogische Qualität, weil er sich formal, massenpsychologisch, rechtfertigt und nicht inhaltlich und dennoch, über den Gattungsbegriff, zugleich alle Religionen in einen Kontext zum Hitlerismus stellt und damit diskriminiert.

Unmittelbar verständlich wird der Mangel der „politischen Religion" an begrifflicher Seriösität, wenn wir einen Vergleich ziehen. Es ist bisjetzt noch niemand auf den Gedanken verfallen, das Auferstehen des Nationalsozialismus in den demokratischen Wahlen des Jahres 1932, seinen Einzug in den Reichstag und die Ermächtigung der NSDAP durch das Parlament

---

187 Hockerts, S. 54

dafür herzunehmen, von einem „demokratischen Nationalsozialismus" zu sprechen, ein Begriff, der, an diesem Punkt formal diskutiert werden kann, aber inhaltlich schlicht falsch ist. Der Nationalsozialismus bleibt, trotz gegenteiliger Anzeichen, wesensmäßig antidemokratisch und undemokratisch, gewalttätig und vulgär, so wie er auch, trotz bestimmter formaler Anzeichen und Verwendung religiöser Schlagwörter, noch lange keine Religion ist.

Wenn wir uns auf die Tatsache verständigen würden, dass Religion nicht allein der Glauben an irgendeine unsichtbare Kraft ist, die eingebildet sein kann, sondern auch und vor allem die intellektuelle und wissenschaftliche Verbürgung der Richtigkeit einer Anerkennung einer transzendentalen Kraft oder eines Gottes, die/der der Ursprung der Welt ist, also die in jeder Biographie spürbare Wirkung von Metaphysik auf die Physik, tritt die Bedeutung der weitergehenden Diskussion um den Nationalsozialismus als Religionsersatz, Ersatzreligion, Quasireligion, Surrogat usw. in den Hintergrund. Der Nationalsozialismus kennt einen Glauben nur an die Zukunft des deutschen Menschen, an den Sieg im Kampf der Völker, also pure Immanenz, rassisch, materialistisch, biologisch, aber keine Transzendenz, keine das Leben vorbehaltlos annehmende Liebe, die sich hingibt, keine Theologie, die das Personsein über seine körperliche Fortpflanzung hinausführen kann und die das Menschsein des einzelnen in seiner Tiefe erfahrbar werden lässt und zur Erfüllung bringt, keinen ausformulierten Glauben an einen Gott, der dann das deutsche Volk auserwählt hätte, und der ihm statt der Äcker im Osten ein Paradies, das nur geistig sein kann, in Aussicht gestellt hätte. Die Nutzung von religiösen Metaphern wie der Endzeitlichkeit in den Schriften Adolf Hitlers ist zu zeichenhaft[188] für einen lebenden Gottesglauben, der eine Religion konstituieren könnte. Ja, es ist, bei einiger Kenntnis des Reichtums der Geschichte der Theologie aus zwanzig Jahrhunderten geradezu absurd, den Nationalsozialismus als (politische) Religion zu bezeichnen. So als ob der braune Klabautermann neben den zivilisatorischen Hochleistungen der christlichen Lehre zu stehen kommen könnte, der auf Volksschulniveau verbliebene Diktator neben den universalen Genies eines Thomas von Aquin, eines Augustinus oder eines Albertus Magnus.

---

188 Zeichen „bezeichnen" bekanntlich etwas Abwesendes.

Fundamentale Kritik an der These der „politischen Religion" wäre von Vertretern christlicher Einrichtungen oder von Religionswissenschaftlern zu erwarten gewesen. Indes, davon ist wenig zu hören. Leise Bedenken über den und das Unwohlsein am Begriff der „politischen Religion" drückt Hans Maier aus: „Wird hier Religion nicht in eine zweifelhafte Sphäre, einen Bereich der Zweideutigkeiten und Ambivalenzen hineingezogen?"[189] Aber der Ordinarius am Seminar für christliche Weltanschauung, Religions- und Kulturtheorie der Universität München bezeichnet den Nationalsozialismus und seine Feierkultur dann doch als einen „Kult", und das Zusammenbrechen des „Kartenhauses der Lüge", das nur eine Frage der Zeit sei, sei eine „Parallele zwischen Religion und totalitären Bewegungen".[190] Der Historiker Heinz Hürten, der an der Katholischen Universität Eichstätt lehrt, erkennt Quellen des Dritten Reiches Beweiskraft zu, die bescheinigen, dass der Nationalsozialismus nicht nur religiös, sondern Religion gewesen sei.[191]

Der freizügige Umgang mit dem Religionsbegriff ist der Dünger für die Blüte des Begriffs der „politischen Religion". Die Religionsphilosophie hatte im 19. Jahrhundert das Tor dafür aufgestoßen, denn sie entdeckte das Soziale als Wirkungsbereich des Numinosen. „Das Schauervolle und Unheimliche, das Tremendum und Fascinosum werden als Momente religiöser Erfahrung neuentdeckt." (Hans Maier).[192]

Die Aufdeckung des Subjektivismus als Ursache für die Begriffsverwirrung wäre von dem vielversprechenden Aufsatz „Politische Religion" von Mathias Behrens zu erwarten gewesen. Aber die Chance ist vertan: Religiosität sei ein „Selbstvollzug", der „das religiöse Bewußtsein konstituiert". Ist dieser Glauben „gemeinschaftsstiftend und geschichtsmächtig", könne „man das Phänomen in diesem Fall auch als ‚Religion' bezeichnen".[193] Der Subjektivismus der Religiosität wird bereits durch ihre soziolo-

189 Hans Maier: Politische Religionen, S. 17

190 a.a.O., S. 12 und S. 32f.

191 'Totalitarismus und ‚Politische Religionen', Bd. 1, S. 304

192 a.a.O. S. 30f.

193 Mathias Behrens: ‚Politische Religion' – eine Religion? Bemerkungen zum Religionsbegriff, in: 'Totalitarismus' und ‚Politische Religionen'. Konzepte des Diktaturvergleichs. Hrsg. v. Hans Maier. Paderborn, München, Wien, Zürich 1996-2003,

gischen Effekte angeblich zur Religion, ohne dass dadurch klarer wäre, was Religion ist. Mathias Behrens qualifiziert zuletzt die „politische Religionen" auf Wegen, die nicht eindeutig scheinen, als Ideologien, „die die Funktion des Religionsersatzes wahrnehmen bzw. wahrnehmen wollen und aufgrund ihres ablehnenden Verhältnisses zu bestehenden Religionen als Antireligionen bezeichnet werden müssen".[194]

Bei einem sonst ausgeprägt differenzierten Problembewußtsein betrachtet der Autor die Religion von außen her, in der Beziehung zwischen subjektivem Vollzug und gesellschaftlicher Wirkung. Ohne Berücksichtigung des Wesens von Religion bleiben jedoch auch die Begriffe „Religionsersatz" und „Antireligion" merkwürdig hohl und vermögen deshalb, obwohl sie Gegensätze bezeichnen, in eins zusammenzufallen. Daran ist zu sehen, dass die Vorstellung von Religion, die sich auf Subjektivismus und Soziologie und Politologie stützt, nicht zu klaren Begriffen verhilft und damit Einsichten blockiert.

Dass die in der Erklärung des Nationalsozialismus betriebene Diskriminierung der Religion keine Erfindung der Schüler und wissenschaftlichen Nachfahren Eric Voegelins gewesen ist, sondern zum Grundkonsens über die Disziplinen hinweg werden konnte, ist der Tatsache zuzuordnen, dass sie Triebfeder und Elixier der Aufklärung ist, einst und jetzt. Auch die Rechtfertigung des Nationalsozialismus als religiöse Deviation einer ansonsten gesunden Entwicklung der Menschheit ist wohl deshalb bislang nicht nachhaltig in Frage gestellt worden. Die angebliche Alternativlosigkeit der ausschließlichen Rationalität begründet das Verbot, über die philosophiegeschichtliche Verbindung des Nationalsozialismus zur Aufklärung des 18. Jahrhunderts auch nur nachzudenken. Eine solche Verbindung ist anstößig und kann nicht gedacht werden. Schon nach der Verlagsankündigung dieser Schrift, die noch nicht fertiggestellt und noch nicht veröffentlicht war, erreichte mich ein erster zorniger „Leserbrief" mit Darlegungen darüber, wie dumm es sei nicht zu erkennen, dass der Nationalsozialismus germanisch-

---

2. Bd., S. 255 (Politik- und Kommunikationswissenschaftliche Veröffentlichungen der Görres-Gesellschaft. 17.)
194 S. 269

religiös gewesen und damit „die Religion" verantwortlich sei für die Verbrechen des Dritten Reichs.

Dabei ist die Deklarierung des Nationalsozialismus als Versehen, das keiner Erklärung bedarf und die übrige Entwicklung als richtig erweist, also die Annahme, der Hitlerismus sei eine Ausnahmeerscheinung der Geschichte gewesen, selbst nicht rational, sondern ein neuer, rational nicht zu begründender Mythos. Er ist der Versuch, die verheerenden Folgen eines unbeschränkten Materialismus, in dem der Mensch zum Ding erniedrigt wird, das man getrost vernichten kann, auf „der Religion" abzuladen. Ansonsten könnte der Verdacht entstehen, dass unser modernes Selbstbewußtsein, der gegenwärtige Materialismus, der ebenfalls Tötungen gesetzlich gestattet, in unmittelbarer Nachfolge des Nationalsozialismus steht bzw. von demselben Rationalismus, der den Materialismus nach sich zieht, motiviert ist, der im Nationalsozialismus in besonderer Reinheit aufgipfelte.

Für diese Bequemlichkeit und Unehrlichkeit zahlen wir einen hohen Preis. In den Medien dämonisieren wir den Diktator immer noch, statt die Aufschlüsselung der Logik der Person, die in den großen Hitler-Biographien von Fest und Kershaw mit Exzellenz gelungen ist, als Chance zu ergreifen, aus nachvollziehbaren Gründen seine Erbärmlichkeit bloßzustellen. Solange die Ursachen des Erfolges des Nationalsozialismus nicht an seinem Ort in der Geschichte der Philosophie gesucht werden, kann seinem Weiterblühen nicht mit Argumenten, sondern muß ihm mit Verboten begegnet werden. Dass die Verbote, die Bücher Adolf Hitlers zu verbreiten und damit der Rezeption zu entziehen, voraufklärerisch (und antiaufklärerisch) und de facto unwirksam sind, wissen wir eigentlich seit Kant. Dennoch nehmen wir dies ausnahmsweise gerne hin, um die Verantwortung für die Greuel des Dritten Reichs auf dem Popanz einer „politischen Religion" abzuladen und unseren eigenen Ort in der Geschichte des Denkens nicht ungeschickterweise gleich mit auszuleuchten.

4. Die Gegenwart

a. Der Mythos des 21. Jahrhunderts

Die Rezeption des Nationalsozialismus ist gedanklich nicht frei. Als geistiger Krise der Aufklärung steht ihm ein unausgesprochenes Interpretationsreglement gegenüber, das den Überlegenheitsgestus der Aufklärung mit der Diskriminierung der Religion absichert. Die Vorstellung vom Nationalsozialismus als (politischer) Religion ist der Mythos der Gegenwart, der die Katastrophe des 20. Jahrhunderts aus dem angeblich teleologischen Lauf der Geschichte als Unfall absondert. Intellektuelle Verantwortlichkeiten und Schlüsse aus der Entspiritualisierung der Gesellschaft, die uns Heutige treffen, werden dadurch unsichtbar.

Folge des geschichtsmetaphysischen Weltbildes, in dem sich die meisten Wissenschaftler bewegen, sind Feststellung von Zusammenhängen, deren Ursachen, gleichwohl sie auf der Hand liegen, offenbleiben. Hans Günter Hockerts erkennt als einer der wenigen die fundamentale Bedeutung der Zweckmäßigkeit in der Argumentation Adolf Hitlers und hebt sie als „utilitaristisch" hervor. Aber er markiert sie nicht als Erscheinung der Philosophie Immanuel Kants, und das Verhältnis der Rationalität des Nationalsozialismus zum Mythischen seiner Untergangsbedrohung bleibt im Irrationalen stecken.[195] So bleibt es für ihn rätselhaft, dass der Biologismus des Diktators mit einer „affektgeladenen Mythologie gekoppelt" sei, die in einer „widersprüchlichen Spannung" stehe, die „rational nicht auflösbar ist".[196]

Geschichtswissenschaft und Politologie erliegen dem Reflex, dieses Unverständliche, das scheinbar Mythische, das rational (genetisch und territorial) definiert war, dem religiösen Bereich zuzuordnen, der ja nun seit Kant als antirational klassifiziert ist und dazu einlädt. Die Monströsität des Nationalsozialismus gibt der eigenen aufgeklärten Haltung dabei eine selbsterfül-

---

195 a.a.O., S. 63
196 a.a.O.

lende Bestätigung. Die Ausblendung der Rationalität des Nationalsozialismus und seiner „Ethik", die die Ermordung unerwünschter Genträger als Notwendigkeit für das Überleben des Volksganzen logisch rechtfertigte, die Umbewertung seines triumphierenden Materialismus in eine Religion, sind selbst nicht analytisch, rational nicht zu rechtfertigen, sondern ein neuer, diesmal echter Mythos der Aufklärungsgesellschaft.

In Wahrheit hat jedoch gerade die Aufklärung dem Pseudomythos der Nazis zugearbeitet. Erst das Mythische „der Vernunft" und „der Natur" hat ihrem platten Materialismus von Territorium und Genom und der Idee des drohenden Untergangs die lebendige Höhe gegeben, von der aus das Szenario wirksam verkündet werden konnte. Unbegrenzte Rationalität, materialistische Zweckmäßigkeit und Sanktionierung durch die Natur waren die Triebmittel, die eine aufgeklärte, hochentwickelte Gesellschaft in den Untergang gestürzt haben. Die mit materiellen Zielen verschmolzene Idee wurde zum gesellschaftlich wirksamen Interpretatem, zur unlöslichen, dem weiteren militärischen Verlauf der Geschichte des Dritten Reiches überhobenen gedanklichen Einheit. Weil sie totalitär rational war, konnte in ihr die Mündigkeit des Individuums in der Verbesserung des Genoms als natürliche, dem Menschen bestimmte Ordnung und Freiheit aufgehen. Dieselbe ordentliche Zweckmäßigkeit und freiheitliche Rationalität valutieren heute in der These von der politischen Religion des Nationalsozialismus.[197]

---

197 Dass das Mythische sogar die Wissenschaft durchdringen kann, ist nicht allein die Erfahrung des nationalsozialistischen Universitätswesens. Noch heute ist sie lebendige Furcht. Als ich vor etwa 20 Jahren als Verleger der „Monographien zur Wissenschaft des Judentums" (Herausgegeben von der Leo-Baeck-Gesellschaft durch Rabbiner Walter Homolka, Rabbiner Jonathan Magonet und Esther Seidel) beim Zentralrat der Juden in Deutschland anfragte, ob man dort eine auf das Universitätswesen beschränkte Verfügbarmachung von NS-Dissertationen begleiten würde, sprach der damalige Vorsitzende Ignatz Bubis ein eigenes Überlieferungsverbot aus. Er teilte mit, dass die beabsichtigte Konservierung und Darbietung auch nur zu Forschungszwecken nicht wünschenswert sei. So sind die zusammengetragenen seltenen Schriften, mit denen sich praktisch alle akademischen Einrichtungen befleckt hatten und die zur Aufklärung notwendig sind, bis heute in Teilen unverfügbar und unsichtbar geblieben. Die Furcht vor der Kraft von Mythen bzw. Scheinmythen, die selbst mythisch ist, beeinflusst noch heute das rationale Denken.

b. Das Überlieferungsverbot

Hinter dem bestehenden Verbot, die Bücher Adolf Hitlers zu verbreiten, steckt mehr als nur die kümmerlich begründete Projektion der Verantwortung für den Nationalsozialismus auf „die Religion". Die Bücherverbote zeigen an, dass das Selberdenken der Bürger, das erst sie zur Unmündigkeit qualifiziert, doch kein automatischer Reflex einer sich entwickelnden Natur sein kann – nicht einmal in einer bereits vollends aufgeklärten oder doch darin weit fortgeschrittenen Gesellschaft.[198]

In der gegenwärtig ausgeübten Zensur liegt natürlich das Bekenntnis, dass es den Mythos als Wirkmächtigkeit gibt: Wäre die Aufklärung ein Gesetz der menschlichen Natur, von dem Kant ausging und dem nicht zu entrinnen ist, wäre nichts zu befürchten. Wäre die Aufklärung selbst nicht mythisch und der endgültige Sieg der Rationalität, wäre nochmals nichts zu befürchten. Wäre „die Religion" die Verantwortliche für den Erfolg der Nazis, wäre, da unsere Gesellschaft heute definitiv säkularisiert ist, wieder nichts von den Büchern Hitlers zu befürchten. So aber ist die Furcht vor der Verbreitung des Gedankenguts des Diktators ein Attest für die Existenz des zweiten Wirklichkeitszugangs, der durch die Säkularisation und die Verdrängung der Religion aus dem öffentlichen Raum unreguliert ist.

Der Mythos ist die Konkurrenz, die den Rationalismus der Aufklärung in Frage zu stellen scheint – der Irrglaube der Gegenwart. Kant hat den Mythos diskriminiert, und in die Geschichte kehrte er bislang auch nicht zurück – denn der märchenhafte Klimbim des Nationalsozialismus war, wie gesagt, kein echter Mythos, nichts, was nachhaltig hätte wirken können. Wenn wir heute auf Grund des religiösen Geredes der Nazis den Nationalsozialismus zur „politischen Religion" emporheben, seinen Schöpfer als Wahnsinnigen oder als Dummkopf nicht ernstnehmen und für die Zeugnisse seines Denkens einen Giftschrank aufstellen und verschließen[199], leben wir den Mythos des 21. Jahrhunderts aus.

---

198 Genau betrachtet ist „Mein Kampf" juristisch nicht verboten, der Besitz ist erlaubt, aber die Verbreitung ist untersagt. Solange der Bayerische Staat als Inhaber

Dass wegen der fehlenden philosophischen Verarbeitung des Nationalsozialismus die Bücher des Diktators verboten sind, ermöglicht Antisemiten und Neo-Nazis, die Meinungs- und Informationsfreiheit für sich zu reklamieren. Sie stellen „Mein Kampf" im Volltext online und pochen auf Artikel 19 der Menschenrechte, der jedermann die unbehinderte Meinungsfreiheit garantiert, und dies heißt ausdrücklich eben auch: „ohne Rücksicht auf Staatsgrenzen Informationen und Gedankengut durch Mittel jeder Art sich zu beschaffen, zu empfangen und weiterzugeben". Garniert wird der sachlich korrekte Hinweis mit einem haßerfüllten judenfeindlichen Zitat aus dem Buch selbst.[200]

Mit diesem Protest gegen die antiaufklärerische Unterdrückung uns Aufgeklärten mißliebiger Schriften sind es heute also die Neonazis und andere, die die Aufklärung unserer Gesellschaft punktuell vorantreiben, ein scheinbarer ordo perversus. Aber dazu geben doch nur die die Chance, die den Protest durch das Verbot, das diktatorisch ist, ermöglichen. Verhält sich eine aufgeklärte Gesellschaft gewalttätig, gibt sie den Gewalttätern die Gelegenheit, die Aufklärung an sich zu reißen. Fortschritt und Reaktion verteilen sich dann nicht mehr symmetrisch nach politisch links und rechts. Ein Phänomen, das schon einmal im 19. Jahrhundert aufgetreten ist, als die Katholische Kirche im Bestehen auf Kirchen- und Religionsfreiheit gegen das autoritäre preußische Staatskirchentum gesellschaftlich fortschrittlich gewirkt und zur Entwicklung des liberalen Rechtsstaates beigetragen hat.[201]

Die heutige Zensur ist ein regulierender Eingriff in den Wettbewerb der beiden Zugänge zur Wirklichkeit, der durch die Säkularisation tatsäch-

---

der Urheberrechte den Nach- und Neudruck und die Verbreitung verbietet, spielt dieser feine Unterschied in der Realität aber keine Rolle.

199 Was nicht einmal für die Schriften Karl Marx' für nötig befunden wird, die unsere soziale Ordnung mit wissenschaftlichem Anspruch in Frage stellen!

200 http://www.slideshare.net/ornela16/adolf-hitler-mein-kampf-german. Offen nazistisch und kämpferisch ist die englischsprachige Plattform: http://aryanism.net/ downloads/books/adolf-hitler/mein-kampf-deutsch.pdf, vom Antisemitismus motiviert ist die Volltextversion, die „Radio Islam" anbietet: http://www.radioislam.org/ historia/ hitler/mkampf/ger/08.htm

Das berechtigte Pochen auf die Meinungs- und Informationsfreiheit ist kein Reflex der Gegenwart, sondern blühte schlagartig direkt nach dem Ende des Zweiten Weltkrieges als Antwort auf die „Entnazifizierung" der Welt auf. Für die nach Argentinien

lich Gefahren heraufbeschworen hat. Dabei erfüllt die Beschuldigung der Religion die Aufgabe, von der Dynamik abzulenken, dass das Vakuum der verbotenen Mythen nicht leer geblieben, sondern im 19. Jahrhundert von materialistischem Denken besetzt worden war. Es bedurfte keiner neuen „Religion", um dem Nationalsozialismus das Aussehen einer Weltanschauung zu verschaffen, denn die materialistischen Lehren hatten sich mit ihrem Sinnanspruch bereits in der Sphäre des Sakralen positioniert. Sie waren bereits „total". Der entscheidende Punkt ist, dass der Nationalsozialismus als Sektion des Materialismus, zu dem auch Kommunismus, Sozialismus, Liberalismus und Kapitalismus zählen, aus der Geschichte des aufklärerischen Denkens heraus für seine Rationalität mythischen Rang beanspruchen konnte. Dafür mußten seine Propagitatoren weder eine „Religion" erfinden, noch ihre Anschauung als Religion konstituieren, auch wenn das pseudoreligiöse Getöse der Hitler, Goebbels und Rosenberg auf den ersten Blick zu dieser Ansicht verführen kann.

c. Materialistische Wissenschaft

Medizin und Biologie suchen heute die Magna Carta des Materialismus zu beweisen, nach der die Leistungen des Gehirns und das Bewußtsein allein von der Chemie der Gene und der Umwelt bestimmt werden. Der Mensch ist dann ohne einen von den Stoffen unabhängigen Geist in seinen Handlungen unfrei, sozusagen körperlich codiert, ein chemisch reguliertes

---

geflohenen Nationalsozialisten schrieb W. v. Asenbach seine Verteidigungs- und Huldigungsschrift „Adolf Hitler. Sein Kampf gegen die Minusseele. Eine politisch-philosophische Studie aus der Alltagsperspektive." Buenos Aires (wohl 1946); der erste Satz lautet, dass die Veröffentlichung politischer Schriften über die jüngste deutsche Vergangenheit „verpönt" sei, es sei denn, „es ergösse sich aus jeder Zeile eine Flut von Verwünschungen, Schmähungen und handgreiflichen Verleumdungen über die faszinierende nationale Evolution unter ihrem Führer Adolf Hitler." S. 9

201 Davon handelt meine Dissertation: Clemens August Freiherr Droste zu Vischering, Erzbischof von Köln, 1773-1845. Die moderne Kirchenfreiheit im Konflikt mit dem Nationalstaat. Egelsbach 1991. 2 Bde.

Ding – Hitler hätte applaudiert! Die entspiritualisierte, materialistische Wissenschaft befindet sich heute mehr denn je im Sog dahin, Merkmale zu züchten, so wie der deutsche Diktator es wollte. Dieser Biologismus war in der (natürlicherweise von seinen Fähigkeiten (und Genen) abhängigen) Selbstermächtigung des Subjekts bereits bei Kant als Möglichkeit des Denkens angelegt. Der prominente Hirnforscher Wolf Singer lehrt, dass es keinen selbständigen Geist gibt, sondern nur die Chemie des Gehirns. Ein freier Wille existiere deshalb nicht, sondern nur „eine kulturell bedingte Ausprägung des Bewusstseins, das sich selbst wiederum einem besonderen Zustand der neuronalen Netzwerke in der Großhirnrinde verdankt."[202]

Der gelehrte Materialismus der Gegenwart läuft Gefahr, eine späte und ungewollte Bestätigung der auf der Genetik fußenden Rassenlehre der Nazis bereitzustellen. Ein prominentes Beispiel ist die Untersuchung der genetischen Disparität von sieben Gruppen von Juden an der jüdischen Yeshiva University of New York. An der Studie von Gil Atzmon durften nur Probanden teilnehmen, deren vier Großeltern aus derselben Gegend stammten, gleichgültig wo auf der Welt. Er stellte fest, dass „Juden mehr genetisches Material miteinander teilen als mit ihrer Umgebung."[203]

Europäische („aschkenasische") Juden und Juden aus dem Nahen Osten („Misrachim") sind demnach viel enger verwandt, als man bisher annahm. Und: Alle stammen von einem gemeinsamen Vorfahren im Nahen Osten ab! Das Humangenomprojekt ergab also, dass das Judentum nicht nur eine Religion ist, sondern auch eine Bevölkerungsgruppe, wohl die einzige, die über die Welt verstreut ist, aber deren Religion die genetische Assimilation verhindert hat. Wenn also ein großer Teil der Juden von einem antiken Abraham abstammt und eine eigene biologische Identität besitzt, können wir froh sein, dass diese Ergebnisse erst heute vorliegen. 70 Jahre früher wären

---

202 http://www.dfg.de/gefoerderte_projekte/wissenschaftliche_preise/communicator-preis/2003/portraet_singer/index.html. Eine Vorstellung, die auf einer philosophischen Begriffsverwirrung beruht. Die Begriffslogik, die ein authentischer Zugang zur physikalischen Wirklichkeit ist, unterscheidet nämlich aus gutem Grund zwischen der Einheit von Körper und Geist, in der wir unschwer unser Menschsein erkennen, und dem Einssein von Körper und Geist, das nicht lebensfähig wäre. Darauf habe ich hingewiesen in meiner kleinen Logik „Die Einheit der Wirklichkeit in logischer und mathematischer Formalisierung", Frankfurt a.M. 2013. 33 S.
203 Hannes Stein: Ein Gentest für Yonatan. In: Welt am Sonntag, 19.5.2013, S. 2

sie in Deutschland als wissenschaftlicher Beweis für die „Ethnizität" der Juden, also als Beweis der Existenz einer biologischen jüdischen „Rasse" gefeiert worden. Dafür hätten die wissenschaftlichen Ergebnisse der jüdischen Universität, deren Wissenschaftlichkeit über jeden Zweifel erhaben ist, den Steigbügel gehalten. Nun ist die Forschung von Gil Atzmon nicht rationalistischer und materialistischer als die Forschung an anderen Orten. Aber sie findet zu Ergebnissen, die bewußt machen, dass wir dringend eines Ethos bedürfen, das den Menschen nicht als genetisches Ding, sondern vor allem als geistiges Geschöpf, das ein unbeschränktes Recht auf Leben besitzt, in Erinnerung ruft. Dass dies ohne Religion, die doch auf hohem Reflexionsniveau verfügbar ist, nicht zu machen ist, ist das Kreuz der Moderne.

Die Folgen des modernen Biologismus, der ganz allgemein vertreten wird, sind nun nicht nur historisch belangvoll. Ist der Geist vom Gehirn, seiner genetischen Ausstattung und chemischen Interaktion abhängig, welchen Sinn macht es dann, im Bildungswesen jedes Jahr viele Millionen für Chancengleichheit auszugeben? Elsbeth Stern von der ETH Zürich und Aljoscha Neubauer von der Universität Graz haben jüngst dargelegt, wie stark die Intelligenz genetisch bedingt ist und dass es keine Gleichheit von Chancen geben kann.[204] Sie plädieren dafür, den Anteil der Hochintelligenten (15%) besonders zu fördern. Ihre Begründung könnte der Präambel der Rassegesetze Hitlers entstammen: Da die Intelligenz des Einzelnen für Erfolg und Durchsetzung entscheidend wichtig ist, ist sie es auch für die Gesellschaft. „Einer Gesellschaft, die ihre Intelligenzreserven nicht ausnutzt, droht Stillstand und Abstieg."

---

204 Elsbeth Stern, Aljoscha Neubauer: Intelligenz. Große Unterschiede und ihre Folgen. München 2013

d. „Menschenwürde", ein Produkt des Materialismus, das den Menschen der Tötung preisgibt

Die moderne „Menschenwürde" ist ein anderer Mythos, der uns epistemologisch in die unmittelbare Nachfolge des Dritten Reiches rückt, wie das Folgende ergibt.

Der norwegische Massenmörder Anders Breivik begründete seine Morde an der sozialdemokratischen Jugend Norwegens damit, dass sie, die Partei, es zulasse und fördere, dass das Land durch Ausländer überfremdet werde. Er handelte im Sinne der modernen Aufklärung: Rational und konsequent materialistisch, da die zu tötenden Menschen keine Geistwesen, sondern Körper sind, die man, wenn sie schaden, beseitigen könne – ja (im Sinne der eigenen Vernunft ethisch geboten) beseitigen müsse. Wie behinderte Ungeborene, die von Gesetzes wegen im Mutterleib getötet werden dürfen und die aus immer wieder zu hörenden (rationalen, zweckmäßigen!) Gründen auch getötet werden sollten.

Wohin die Entspiritualisierung des Denkens und die falsche Vorstellung vom Einssein von Körper und Geist (statt ihrer Einheit), beschwichtigt durch das Phantasma der „Menschenwürde", uns bringen, war im Prozeß gegen Breivik zu erkennen. Die Person des Mörders wurde aus Achtung seiner Menschenwürde während des Gerichtsprozesses mit großem Aufwand geschützt – in einer Gesellschaft, in der jede Person vor ihrer Geburt, die jene Würde wohl noch nicht erlangt hat, getötet werden darf.

Die moderne Menschenwürde, die uns ebenso selbstverständlich wie unkonkret ist, hängt vom Konsens der Gesellschaft und seinem Wechsel ab. Sie ist rational und verschmilzt nicht Ideelles mit Materiellem zu einer unlöslichen, mythischen Einheit, sondern Materielles, die Integrität des Körpers, mit Ideellem, der Sichtbarkeit von Wirklichkeit, die selbst Materie ist. Eine Menschenwürde, die den Konsens der Gesellschaft in einem historischen Moment reflektiert, ist zudem nicht übergeschichtlich, sondern historisch und kann als Grundgesetz der Humanität scheitern (durch die weitere Entwicklung reformbedürftig werden), die beiden Kriterien eines Scheinmythos, die *erkenntnistheoretisch* das Ideal der „Menschenwürde", die von der

Sichtbarkeit des Körpers abhängt, mit dem „rational-humanistischen" Ideal des Nationalsozialismus gleichstellen.

Doch die wahre Würde des Menschen ist mythisch und kann nicht vom Menschen und seiner Vernunft abhängen. Ohne Anerkennung eines Geistes, an dem der Mensch teilhat, ist die Menschenwürde nur den Pfifferling wert, den man ihr gerade zumißt. Das Leben des Menschen läßt sich durch einen Scheinmythos nicht gegen Übergriffe schützen, die nicht nur demokratisch legalisiert werden können, sondern die auch ein plötzlich auftretender Agitator innerhalb seines Weltbildes rational rechtfertigen, gesetzlich organisieren und im industriellen Maßstab durchführen kann.

Die Willkürlichkeit der „Menschenwürde" der aufgeklärten Gegenwart zeigt sich auch an anderen Beispielen. Die sog. Sicherungsverwahrung von Straftätern, bei denen weitere Straftaten nicht ausgeschlossen werden, ist ein faschistisches Instrument, um die Gesellschaft sauber zu halten. Sie widerspricht nicht nur der Menschenwürde des Verurteilten, der seine Strafe ja bereits verbüßt und seine Tat gebüßt hat, sondern die unbefristete Gefängnishaft ist auch ein gravierender Verstoß gegen die Rechtsstaatlichkeit. Es gilt, und es muß gelten, dass man wegen einer begangenen Tat eingesperrt wird und nicht wegen Taten, die noch gar nicht begangen wurden und vielleicht nie begangen werden. Im Dritten Reich wurden Menschen allein wegen einer kriminellen Veranlagung, weil der Vater und der Onkel Diebe waren, und einzelner eigener Taten dauerhaft weggesperrt oder sogar hingerichtet. Unbefristete Sicherungsverwahrung ist, das dürfen wir nicht unterschätzen, ein unblutiges Todesurteil. So verständlich der Wunsch nach umfassender Sicherheit in der Gesellschaft ist, bleibt er mit der freiheitlichen Idee eines Rechtsstaates, dessen Errungenschaften genauso wie Demokratie und Grundwerte durchaus einen Preis haben, unvereinbar. Der Mob, der die aus der Sicherungsverwahrung Entlassenen heute durch die Straßen jagt, erinnert nicht von ungefähr an den Mob, der im Dritten Reich vogelfreie Mitbürger, die mit ihren unerwünschten Genen angeblich den Volkskörper zersetzten, durch die Straßen hetzte.

In einer Talkshow bekannte ein Anwalt kürzlich, er lehne es ab, Pädophile zu verteidigen. Bevor er den Satz fertigsprechen konnte („weil ich mich dem nicht gewachsen fühle"), applaudierte schon das Publikum. Menschenwürde erlischt im Empfinden des rationalistisch trainierten Publikums bei bestimmten Verstößen, die vor allem Verbrechen an Körpern sind, sang- und klanglos. Es wäre nicht verwunderlich, wenn erhebliche Teile der Bevölkerung auch der Todesstrafe bei bestimmten Verbrechen wie Kindesmißbrauch mit Todesfolge heute wieder zustimmte. Emotional verständlich, aber historisch, wiewohl rational und aufgeklärt, in der Nachfolge des Nationalsozialismus, einem entspiritualisierten, materialistischen Menschenbild zugetan, das doch niemand wirklich wollen kann.

e. Sichtbarkeit als Indikator für Aufklärung und rassische Überlegenheit– oder: die Ohren der Vulkanier

Weil der Kompaß der Rationalität natürlicherweise auf die Materie zeigt, wurde Sichtbarkeit zum Gradmesser von Wirklichkeit. Die „untrügerische Beweisführung" sei, so Adolf Hitlers Credo, nur der „sichtbare Erfolg".[205] Hitler bestand sogar auf einer (logisch natürlich unmöglichen) Steigerung des Sichtbaren und gibt ihm als „Sichtbarstes" das Pathos eines Gesetzes.[206] Nur was sichtbar ist, sei dem Beweis zugänglich und deshalb real. Es müsse geordnet und gesäubert werden; es wurde zum Gegenstand der rational-diskursiven Humanität und der alles bestimmenden Zweckmäßigkeit des Handelns. Die Sichtbarkeit ist zum Prüfstein geworden, an dem sich der Erfolg der Aufforderung Immanuel Kants mißt, sich durch Anwendung des Verstandes aus der Unmündigkeit zu befreien und zu der Freiheit aufzusteigen, die die Natur dem Menschen bestimmt habe. Am modernen Personbegriff ist freilich zu erkennen, dass die Sichtbarkeit einen Materialismus vertritt, dessen wahres Antlitz der Nihilismus ist: Auch heute noch dürfen Menschen getötet werden, die nur den Makel haben, noch ungeboren zu sein, also noch unsichtbar zu sein, oder Menschen sollen gar nicht erst gezeugt werden,

---

205 Adolf Hitler: Mein Kampf, S. 571
206 Adolf Hitler: Mein Kampf, S. 464, 469

weil die Eltern behindert sind. Sind sie aber sichtbar wie der eben erwähnte Mörder Breivik, ist die körperliche Integrität als höchstes Gut absolut geschützt.

Die Visibilität war im Dritten Reich zum Fetisch gesteigert, nicht nur weil sie Ordnung und Sauberkeit garantiert und meßbar und wissenschaftlich ist, sondern weil der „Dreck" ja real fortgeschafft werden kann und verschwindet – eine der Ursachen des Aktionismus, der so typisch für das Dritte Reich gewesen ist.

Die Natur als Rechtfertigungsfigur der Aufklärung nahmen die Nationalsozialisten, ihn biologisch ausdeutend, für sich in Dienst. Sie wurde zum Angelpunkt, an dem sie das Rassedenken zum Sinnziel und zum Seinsgrund vertieften. Das Unsichtbare ist folglich ein notwendiger Anti-Ort des Seins, in den das Störende, Unzweckmäßige, Unsaubere, das das Zweckmäßige irritiert, notfalls durch Vernichtung aufgehoben werden muß. Solange die Vernichtung aufgeschoben ist, lauert das Bedrohliche – unsichtbar – als Gefahr. Diese Gegenwelt ist real, denn, so Hitler, „der Jude" stehe in der wirklichen Welt, „wenn auch unsichtbar", im Hintergrund.[207]

Die Tötung durch Gas verrät nicht nur die Nähe des Sauberkeitsgedankens zur Schädlingsbekämpfung. Die Vorstellung einer „Vergasung" drückt auch die Auflösung ins Nichtsichtbare aus, eine wissenschaftlich-chemische Zustandsänderung, die das Leiden des Individuums auf die wenig relevante Frage des Aggregats herunterstimmt. Wohl weil die Vergasung als chemischer Wandlungsprozeß, also als eine Frage der Technik, angesehen wurde, hat Hitler selbst niemals für nötig befunden, an einer der Exekutionen teilzunehmen.

Dafür, dass Sichtbarkeit auch heute noch von höchster Relevanz ist und zusammen mit unverblümtem Rassedenken auftritt, gibt es populäre Beispiele. Medial ist er in der Serie „Star Trek" („Raumschiff Enterprise") sogar Person geworden. Das Genie des arischen Herrenmenschen erscheint in Mr. Spock, der als „Vulkanier" ausdrücklich einer menschlichen „Rasse" angehört, die allen anderen an Leistungsfähigkeit überlegen ist. Die Handlungsweisen der Vulkanier sind der emotionalen Mentalität der anderen

---

207 Adolf Hitler: Mein Kampf, S. 553

Menschen aufgrund ihrer rein rationalen, auf Logik aufgebauten Handlungs- und Denkweise überlegen. Mr. Spock ist damit lebendiges Ideal der Aufklärung. Er rettet auch tatsächlich andauernd das Raumschiff und die in ihm durch die Zeiten reisende Menschheit vor dem Untergang.

Seine übermenschlichen rationalen Fähigkeiten sind aber nicht Geschenk und Begnadung eines Gottes, sondern Ergebnis biologischer Entwicklung und Zucht. Adolf Hitler erläutert, dass die Voraussetzung geistiger Leistungsfähigkeit „in der rassischen Qualität des Menschenmaterials" liege.[208] Daß man in Hollywood über die philosophische (biologistische) Mechanik des Nationalsozialismus besser Bescheid weiß als an den meisten anderen Orten, hat den „Vulkaniern", die, der Name sagt es ja auch, aus der Natur hervorgegangen sind, eine körperliche Anomalie eingetragen, die sie von den unterlegenen humanen Rassen unterscheidet: nämlich die legendären spitzen Ohren. Sichtbarkeit ist, wir hörten es von Adolf Hitler bereits, „untrüglicher Beweis".

Im Kampf der kosmischen Welten, der dem Szenario der Nazis vom Kampf der Völker verdächtig gleicht, gelten die aufklärerischen Regeln des Dritten Reiches. Zuweilen muß Mr. Spock nämlich seinen eigenen Untergang empfehlen, um die Mannschaft des Raumschiffs zu retten. "The needs of the many outweigh the needs of the few, or the one."[209] Hitler hätte es in Englisch nicht schöner sagen können, aber im Deutschen hat er es: Indem die Auslese „gegen den einzelnen brutal vorgeht"; „sowie er dem Sturme des Lebens nicht gewachsen ist, erhält sie [die Auslese] die Rasse und Art selber kraftvoll, ja steigert sie zu höchsten Leistungen".[210] Der „Drang zum Leben" werde „alle lächerlichen Fesseln einer sogenannten Humanität der einzelnen immer wieder zerbrechen", „um an seine Stelle die Humanität der Natur treten zu lassen, die die Schwäche vernichtet, um der Stärke den Platz [Lebensraum] zu schenken".[211]

208 Adolf Hitler: Mein Kampf, S. 485
209 Star Trek II http://www.youtube.com/watch?v=Xa6c3OTr6yA (1982), wiederholt in einer brandneuen Folge http://www.youtube.com/watch?v=agE3eW4FiqI (2013). Im Gespräch mit dem Cheflektor der Frankfurter Verlagsgruppe Steffen Jungmann über das naturwissenschaftlich-biologisch gedeutete Aufklärungsideal im Dritten Reich erhielt ich den Hinweis auf die Vulkanier als Herrenrasse und Mr. Spock als persongewordenes Ideal der Aufklärung.
210 Adolf Hitler: Mein Kampf, S. 80 (Raubdruck)

Die Verbreitung des nationalsozialistisch-aufklärerischen Gedankenguts blüht im Internet, denn das Statement des Mr. Spock hat sogar eine eigene Huldigungsseite auf Facebook erhalten, auf der die Benutzer ihr Gefallen zum Ausdruck geben.[212] Dass aber das Nazistische dem Publikum nicht bewußt wird, denn es ist ja nicht direkt sichtbar, hat den Machern der Serie erlaubt, die Zuschauer mit einer Folge an der Nase herumzuführen, in der Mr. Spock seine eigenen geistigen Vorfahren auf einem Planeten voller herumtaumelnder Nazis bekämpft.[213] Auch Sichtbarkeit, die als Beweismittel auf der Hand liegt, ist eben trügerisch. Der Spatz in der Hand gilt jedoch in jedem Fall als schlagender Beweis des Richtigen und Rationalen – der Urstand des Materialismus.

Es lohnt sich, die Hollywood-Fabel vom „Raumschiff Enterprise" anzuschauen, wenn man verstehen will, welche Anziehung ein mythisches Untergangsszenario, eine Dauerbedrohung des Lebens in einer feindlichen Welt, auf die technologisch erzogenen, sich zivilisatorisch überlegen wissenden Wähler des Jahres 1932 ausgeübt hat.

Sichtbarkeit – der Garant der Wahrheit, die ewig ist – muß folglich auch unvergänglich und metaphysisch sein. Der Diktator: „Mögen Jahrtausende vergehen, so wird man nie von Heldentum reden und sagen dürfen, ohne des deutschen Heeres des Weltkrieges zu gedenken. Dann wird aus dem Schleier der Vergangenheit heraus die eiserne Front des grauen Stahlhelms *sichtbar* werden, nicht wankend und nicht weichend, ein Mahnmal der Unsterblichkeit."[214]

211 Adolf Hitler: Mein Kampf, S. 80 (Raubdruck)

212 https://www.facebook.com/pages/The-needs-of-the-many-outweigh-the-needs-of-the-fewor-the-one/311285500657

213 http://www.tagesspiegel.de/meinung/raumschiff-enterprise-mr-spock-sie-geben-einen-ueberzeugenden-nazi-ab/5795990.html

214 Adolf Hitler: Mein Kampf, S.182

f. Philosophische Funktion des Mythos
von der „politischen Religion"

An die Stelle des Naturrechts, das, über Zivilisationen hinweg, den Menschen der Prinzipien seiner Existenz versichert und sie wie den Dekalog in positives Recht verwandelt, ist der Positivismus getreten, der durch Konsens von Personen (Parlamentariern, Gutachtern, Richtern etc.) immer neu festlegt, was geschehen soll. Was geschehen soll, das ist Anspruch und Glaube heute, ist auch ethisch gut. Dieser Positivismus ist die gesellschaftliche Realität des selbstermächtigten, aufgeklärten Individuums, eine Herrschaft, die nur durch Vernunftgründe beschränkt ist (und deshalb unbeschränkt ist), eine Herrschaft, die auch für Irrtum und Versagen in der Geschichte der letzten 200 Jahre verantwortlich ist.

An das Naturrecht, das, je nach Standpunkt im europäischen Kulturkreis, stoisch-kosmisch oder christlich-göttlich ist, daran, dass das Mythische ein ebenbürtiger Zugang zur Realität ist, dass Leben ein absolutes, unantastbares Gut ist, erinnert heute allein die Religion. Kant hat sie nicht zufällig in seiner berühmten Programmschrift „Was ist Aufklärung?" (1783) ausdrücklich als Feind des sich selbst ermächtigenden Individuums bezeichnet. Zweihundert Jahre später spielt sie im gesellschaftlichen und politischen Prozeß tatsächlich keine Rolle mehr, und die Medien lassen keine Gelegenheit aus, „die Kirche", was immer darunter im einzelnen auch verstanden wird, einseitig und negativ darzustellen. Zurecht beklagte Kardinal Müller, dass die Medien im Westen, die deutschsprachigen Medien im besonderen, die Katholische Kirche gezielt und kampagnenartig zu beschädigen und zu diskreditieren trachten.

Das Verblüffende an dem Mythos, dass die Religion für den Erfolg des Dritten Reiches verantwortlich gewesen sei, ist weniger, dass der antireligiöse Affekt Immanuel Kants und die formalistische Reduktion der Lehre Jesu auf ein massenpsychologisches Machtinstrument im Begriff der „politischen Religion" eine neue, besonders drastische Dimension erhält, sondern, dass die Psychoanalyse schon vor 80 Jahren das theoretische Handwerkszeug für eine einfache, einleuchtende Erklärung, die den Mythos entlarvt, bereit-

112

gestellt hat. Noch vor der Erfahrung des Dritten Reichs, allein aus der Beobachtung der Wirksamkeit der totalitären Ideologien des 19. Jahrhunderts und der säkularisierten Nationalstaaten, hat Sigmund Freud dargelegt, dass das Individuum neben dem Ich auch noch über ein „Über-Ich" verfügt, an dem sich die Persönlichkeit bildet. Die Besetzung dieses idealen Über-Ichs mit einer charismatischen Persönlichkeit bewirkt eine Führeridentifikation, die die Urhorde wiederauferstehen läßt und die das Individuum um mehrere Stufen in der Zivilisation zurückfallen läßt.[215]

Gibt es eine prägnantere, anthropologisch schlüssigere Erklärung der Hysterie der Massen, die Adolf Hitler zujubelten, ihm, der strahlend das Überleben seiner Horde in einer feindlichen Welt verkündete? Doch diese Erklärung birgt für uns Heutige ein Problem. Die Psychoanalyse macht keinen Unterschied zwischen damals und heute und läßt uns im Traditionsstrom der Aufklärung und ihrer Erkenntnistheorie stehen, der uns vom Dritten Reich nicht unterscheidet, sondern uns mit ihm verbindet. Die Aufbürdung der Schuld am Geschehen auf „die Religion" durch die These vom Nationalsozialismus als „politischer Religion" wahrt dagegen unsere geschichtsmetaphysische Perspektive.

g. Notwendigkeit der Aufhebung der Religionsdiskriminierung

Wirklich unmerklich ist die Entwicklung der Erkenntnistheorie zu einem – im Ergebnis zivilisatorisch rückschrittlichen – wissenschaftlichen Materialismus schon in den Dreißiger Jahren nicht gewesen. Der Philosoph Edmund Husserl ordnete die Krise des europäischen Bewußtseins ein in die Teleologie der europäischen Geschichte, den heraufziehenden Faschismus also als notwendiges Ereignis. Aus dem dem Menschen abträglichen Rationalismus, der die wissenschaftliche Erkenntnis zur Seinsform erhebe, gebe es nur zwei Auswege, schrieb er 1935: „Den Untergang Europas in der Ent-

---

215 Sigmund Freud: Das Ich und das Es. Leipzig, Wien, Zürich, 1923, in der Studienausgabe, Band III, S. 273-325

fremdung gegen seinen eigenen rationalen Lebenssinn, den Verfall in Geist-feindschaft und Barbarei oder die Wiedergeburt Europas aus dem Geist der Philosophie durch einen den Naturalismus [Materialismus, Szientismus] überwindenden Heroismus der Vernunft." Dabei war ihm der Rationalismus selbst nicht das Problem, sondern sein „scheinbares Scheitern" durch seine „Veräußerlichung, in seiner Versponnenheit in ‚Naturalismus' und ‚Objekti-vismus'". Er beschwört das Auferstehen einer „neuen Vergeistigung", eine Aufwertung des Subjektes gegenüber dem Positivismus, das Wiederfinden seines Sinnfundamentes, „als Unterpfand einer großen und fernen Men-schenzukunft: Denn der Geist allein ist unsterblich."[216]

Doch die neue Vergeistigung, die den falschen Anspruch der Wis-senschaft auf Sinn bestreitet und ihr ihre ursprüngliche, dem Subjekt dienen-de Funktionalität zuweist, ist ausgeblieben. Stattdessen blüht der Materialis-mus in einer entspiritualisierten Gesellschaft.

Nun könnte man heute sagen, dass all dies doch nur trockene philo-sophische Übung sei. Aber die Schaffung des neuen Mythos einer national-sozialistischen „Religion" hat eine gefährliche Wirkung auf die Gegenwart, denn ein Mythos ist nicht zu entkräften und nicht zu besiegen. Junge Leute lassen sich von ihm beflügeln und töten andere wegen der angeblichen Über-fremdung der Gesellschaft, wie der sog. Nationalsozialistische Untergrund (NSU) oder Anders Breivik oder andere rechtsradikale Gewalttäter. Anders als die Historiker glauben, rechtfertigen sie sich nicht mit einem religiösen Bekenntnis, sondern praktizieren den Mythos der Aufklärung: Sie berufen sich auf Anwendung des Verstandes ohne Hilfe eines Dritten als Prinzip, das auch zur Entscheidung der Frage ermächtigt, wer leben darf und wer nicht. Sie verhalten sich rational, streng materialistisch und reklamieren Vernunft-gründe und Zweckmäßigkeit ihrer Handlung.

Der Gegenentwurf zur Singularisierung des Nationalsozialismus, die ihn als Unfall der Aufklärung gegenüberstellt, ist ein rationales, integra-les Geschichtsverständnis, das sich auf anthropologische, psychoanalytische

---

216 Edmund Husserl: Die Krisis des europäischen Menschentums und die Philoso-phie. In: (ders.): Die Krisis der europäischen Wissenschaften und die transzendentale Phänomenologie. Eine Einleitung in die phänomenologische Philosophie. Hrsg. v. Walter Biemel. Den Haag 1954. S. 347f. (Husserliana. Edmund Husserl. Gesammelte Werke. VI.)

und epistemologische Erkenntnisse[217] stützt und den Nationalsozialismus in der Geschichte des Denkens verorten und dann auch ihm argumentativ begegnen kann. Es sollte heute möglich sein, den Nationalsozialismus auf seine Verbindung zur Aufklärung hin zu betrachten und vorbehaltlos alle Fragen zu stellen, auch wenn sie das moderne, szientistische, aufgeklärte Menschenbild verunsichern. Dieses Menschenbild ist, bis heute, materialistisch und gerechtfertigt durch das erwähnte angebliche Einssein von Körper und Geist, das zu ihrer lebendigen Einheit in einem jedermann sichtbaren und fühlbaren Widerspruch steht.

Statt einem abwegigen Bruch mit der Aufklärung anzuhängen, müssen wir zur Kenntnis nehmen, dass das Aufkommen des Nationalsozialismus Teil der historischen Entwicklung, ein Kapitel der Rezeption der Philosophie der Aufklärung ist, dass der Nationalsozialismus den Rationalismus Kants in eigener Weise durchgeführt und das entspiritualisierte Menschenbild der Säkularisation gesellschaftlich fällig gestellt hat, rücksichtslos, keine Konsequenzen scheuend und damit das Glück des Menschen in sein Unglück verkehrend. Die Annahme des eminenten Modernisierungsschubes, dessentwegen auch niemand hinter die Aufklärung zurückfallen kann, steht dem nicht entgegen, wohl aber die Entspiritualisierung, die sich im angeblichen Überlappen der Magisterien begründet sieht, also in der behaupteten Abstoßung von Wissen und Glauben. Dabei ist, was die Naturwissenschaften selbst hergeben, eher von einer Koordination der Magisterien auszugehen.[218]

Die westlichen, vor allem die europäischen Gesellschaften stehen in demselben Strom der wissenschaftlichen Materialisierung alles Lebendigen, von Zweckmäßigkeit und Entspiritualisierung des Lebens, der auch dem Nationalsozialismus zur Geltung verhalf. Weil unser eigenes Denken die philosophischen Voraussetzungen jener zwölf Jahre teilt, können wir uns nicht wirklich von ihnen abgrenzen und müssen historische Zeugnisse und

---

217 Es sei nochmals auf das Grundlagenwerk von Kurt Hübner: Die Wahrheit des Mythos hingewiesen, in dem eine wissenschaftliche Systematik der beiden Wirklichkeitszugänge (Wissen und Glauben) zur Verfügung gestellt ist.

218 S. hierzu meinen Beitrag zur Erkenntnistheorie u.d.T.: Ich denke, also glaube ich. Cogito ergo credo. Von Metaphysik und Glaubenswissen als Fundament und Gunst von Naturwissenschaft und westlicher Gesellschaft. Mit einem Vorwort von Joachim

Bücher verbieten, historische Orte demontieren. Die Lossagung vom Nationalsozialismus ist, was den gemeinsamen Ort in der Geschichte der Philosophie angeht, keine Feststellung, sondern bislang nur die Beschwörung eines Wunsches. Abschließen können wir mit dieser kurzen historischen Periode bis heute nicht. Wir können sie nicht in die anderen Kapitel der Geschichte einreihen, wie es natürlich und notwendig ist, wenn die letzten Zeitzeugen abgetreten sein werden. Aus dem Schatten jenes furchtbaren Mannes werden wir erst heraustreten können, wenn wir das Wissen unserer Kultur um die Dualität des Menschen wiederentdecken, an die Philosophie wieder anknüpfen, die richtigen Begriffe lernen und damit begreifen und ergreifen, was in jeder Biographie erfahrbar wahr ist. Dafür müssen wir keineswegs hinter die Aufklärung zurückfallen, sondern wir müssen ihre Religionsfeindlichkeit überwinden und die Schwebe wieder verstehen lernen, die im Verhältnis zwischen Geist und Materie verantwortetes Leben ermöglicht.

Kardinal Meisner. Zweisprachige Ausgabe: I think, therefore I believe. Cogito ergo credo. Metaphysics and religious Knowledge as a Fundament and beneficial Force within Natural Science and Western Society. With a Foreword by Joachim Kardinal Meisner. Frankfurt a.M., München, London, New York 2008

Ausgewählte Literatur

Claus-E. Bärsch: Die politische Religion des Nationalsozialismus. Die religiöse Dimension der NS-Ideologie in den Schriften von Dietrich Eckart, Joseph Goebbels, Alfred Rosenberg und Adolf Hitler. [München 1998]

François Bédarida: Nationalsozialistische Verkündigung und säkulare Religion, in: Der Nationalsozialismus als politische Religion. Hrsg. v. Julius H. Schoeps u. Michael Ley. Bodenheim 1997, S. 153-167 (Studien zur Geistesgeschichte. Hrsg. v. Julius H. Schoeps, Moses Mendelssohn Zentrum für europäisch-jüdische Studien, Universität Potsdam. 20.)

Mathias Behrens: ‚Politische Religion‘ – eine Religion? Bemerkungen zum Religionsbegriff, in: ‚Totalitarismus‘ und ‚Politische Religionen‘. Konzepte des Diktaturvergleichs. Hrsg. v. Hans Maier. Paderborn, München, Wien, Zürich 1996-2003, 2. Bd.: Referate und Diskussionsbeiträge, Beiträge der Forschung, hrsg. v. Hans Maier u. Michael Schäfer, S. 249-269 (Politik- und Kommunikationswissenschaftliche Veröffentlichungen der Görres-Gesellschaft. 17.)

Philippe Burrin: Die politischen Religionen: Das Mythologisch-Symbolische in einer säkularisierten Welt, in: Der Nationalsozialismus als politische Religion. Hrsg. v. Julius H. Schoeps u. Michael Ley. Bodenheim 1997, S. 168-185 (Studien zur Geistesgeschichte. Hrsg. v. Julius H. Schoeps, Moses Mendelssohn Zentrum für europäisch-jüdische Studien, Universität Potsdam. 20.)

Enchiridion symbolorum definitionum et declarationum de rebus fidei et morum. Kompendium der Glaubensbekenntnisse und kirchlichen Lehrentscheidungen. Hrsg. von Heinrich Denzinger. Freiburg, Basel, Wien [40]2005

Joachim C. Fest: Hitler. Eine Biographie. [Frankfurt/M., Berlin, Wien 1973]

Sigmund Freud: Das Ich und das Es. Leipzig, Wien, Zürich, 1923, in der Studienausgabe, Band III, S. 273-325

Dietmar Herz: Die politischen Religionen im Werk Eric Voegelins, in: ‚Totalitarismus‘ und ‚Politische Religionen‘. Konzepte des Diktaturvergleichs. Hrsg. v. Hans Maier. Paderborn, München, Wien, Zürich 1996 [Band 1], S. 191-209 (Politik- und Kommunikationswissenschaftliche Veröffentlichungen der Görres-Gesellschaft. 16.)

Adolf Hitler: Mein Kampf. München 1925-1928, 2 Bde., zitiert nach einem amerikanischen Raubdruck (ISBN 978-146092923-0, der über das Internet bestellt werden kann); benutzt wurde auch die kommentierte Ausgabe von Christian Zentner, München 2004 (17. Aufl.), sowie Volltextveröffentlichungen im Internet:
http://www.downloadmeinkampf.com/downloads/Adolf%20Hitler%20-%20Mein%20Kampf%20-%20German.pdf
http://www.slideshare.net/ornela16/adolf-hitler-mein-kampf-german.

http://aryanism.net/downloads/books/adolf-hitler/mein-kampf-deutsch.pdf
(offen neonazistisch)
http://www.radioislam.org/historia/hitler/mkampf/ger/08.htm (antisemitisch)

[Adolf Hitler:] Der Parteitag Großdeutschland vom 5.-12. September 1938. Offizieller Bericht über den Verlauf des Parteitages mit sämtlichen Kongreßreden. München 1938

Hitlers Zweites Buch. Ein Dokument aus dem Jahr 1928. Eingeleitet und kommentiert von Gerhard L. Weinberg. Mit einem Geleitwort von Hans Rothfels. Stuttgart 1961, S. 56 (Quellen und Darstellungen zur Zeitgeschichte. 7.)

Hitler. Reden. Schriften. Anordnungen. Hrsg. u. kommentiert v. Clemens Vollhals u. vom Institut für Zeitgeschichte. München, London, New York, Paris 1992, Bd. 1, Band VI (2003)

Hans Günter Hockerts: War der Nationalsozialismus eine politische Religion? Über Chancen und Grenzen eines Erklärungsmodells, in: Zwischen Politik und Religion. Studien zur Entstehung, Existenz und Wirkung des Totalitarismus. Hrsg. v. Klaus Hildebrand. München 2003, S. 45-71 (Schriften des Historischen Kollegs. Kolloquien 59.)

Max Horkheimer und Theodor W. Adorno: Die Dialektik der Aufklärung. Philosophische Fragmente. Amsterdam 1947

Kurt Hübner :Die Wahrheit des Mythos. München 1985, [2]2010

Edmund Husserl: Die Krisis des europäischen Menschentums und die Philosophie. In: (ders.): Die Krisis der europäischen Wissenschaften und die transzendentale Phänomenologie. Eine Einleitung in die phänomenologische Philosophie. Hrsg. v. Walter Biemel. Den Haag 1954. S. 314 ff. (Husserliana. Edmund Husserl. Gesammelte Werke. VI.)

Immanuel Kant: Beantwortung der Frage: Was ist Aufklärung?, in: Berlinische Monatsschrift 1783, Dez., digital in diplomatischer Fassung verfügbar unter http://korpora.org/Kant/aa08/033.html (als Teil des Gesamtwerkes unter http://korpora.zim.uni-duisburg-essen.de/Kant/, das die Bände 1-23 der Akademie-Ausgabe der Werke des Philosophen enthält)

Ian Kershaw: Hitler. Stuttgart 2000, 2 Bde.

Gustave Le Bon: Psychologie der Massen. Stuttgart 1982

Hermann Lübbe: Aufklärung und Terror. Geschichtsmetaphysische Voraussetzungen totalitärer Demokratie, in: 'Totalitarismus' und ‚Politische Religionen'. Konzepte des Diktaturvergleichs. Hrsg. v. Hans Maier. Paderborn, München, Wien, Zürich 1996 [Band 1], S. 401-411 (Politik- und Kommunikationswissenschaftliche Veröffentlichungen der Görres-Gesellschaft. 16.)

Hans Maier: Politische Religionen. Die totalitären Regime und das Christentum. Freiburg, Basel, Wien [1995]

Friedrich Meinecke: Die deutsche Katastrophe. Betrachtungen und Erinnerungen. Wiesbaden 1947, 3. Aufl.

Hans Mommsen: Nationalsozialismus als politische Religion, in: 'Totalitarismus' und ‚Politische Religionen'. Konzepte des Diktaturvergleichs. Hrsg. v. Hans Maier. Paderborn, München, Wien, Zürich 1997, 2.Bd., S. 173-181 (Politik- und Kommunikationswissenschaftliche Veröffentlichungen der Görres-Gesellschaft. 17.)

Joachim Riedl: Der lange Schatten des Kreuzes. Von Golgatha zur Svastika, in: Der Nationalsozialismus als politische Religion. Hrsg. v. Julius H. Schoeps u. Michael Ley. Bodenheim 1997, S. 53-73 (Studien zur Geistesgeschichte. Hrsg. v. Julius H. Schoeps, Moses Mendelssohn Zentrum für europäisch-jüdische Studien, Universität Potsdam. 20.)

[Alfred Rosenberg:] Wesen, Grundsätze und Ziele der Nationalsozialistischen Arbeiterpartei. Das Programm der Bewegung hrsg. und erläutert von Alfred Rosenberg. München 1930 (81.-100. Tsd.), verfasst 1922 und von Adolf Hitler zum Druck freigegeben

Alfred Rosenberg: Der Kampf um die Weltanschauung. Rede, gehalten am 22. Februar 1934 im Reichstagssitzungssaal der Kroll-Oper zu Berlin. München 1934 (Hier spricht das neue Deutschland! 1.)

Alfred Rosenberg: Der geschichtliche Sinn unseres Kampfes. Rede von Reichsleiter Rosenberg vor Soldaten der Westfront (16. April 1940). (Berlin 1940), S. 12 und 19 (Tornisterschrift des Oberkommandos der Wehrmacht. Abteilung Inland 1.1939/1940, Heft 9)

(Schoeps/Ley) Der Nationalsozialismus als politische Religion. Hrsg. v. Julius H. Schoeps u. Michael Ley. Bodenheim 1997 (Studien zur Geistesgeschichte. Hrsg. v. Julius H. Schoeps, Moses Mendelssohn Zentrum für europäisch-jüdische Studien, Universität Potsdam. 20.)

Julius H. Schoeps: Erlösungswahn und Vernichtungswille. Die sogenannte „Endlösung der Judenfrage" als Vision und Programm des Nationalsozialismus, in: Der Nationalsozialismus als politische Religion. Hrsg. v. Julius H. Schoeps u. Michael Ley. Bodenheim 1997, S. 264 (Studien zur Geistesgeschichte. Hrsg. v. Julius H. Schoeps, Moses Mendelssohn Zentrum für europäisch-jüdische Studien, Universität Potsdam. 20.)

Birgit Schwarz: Geniewahn. Hitler und die Kunst. Wien, Köln, Weimar 2009

'Totalitarismus' und ‚Politische Religionen'. Konzepte des Diktaturvergleichs. Hrsg. v. Hans Maier. Paderborn, München, Wien, Zürich 1996-2003, 3 Bde., 1.Bd.: [Beiträge einer Tagung der Katholischen Akademie, München 1994]; 2. Bd.: Referate und Diskussionsbeiträge, Beiträge der Forschung, hrsg. v. Hans Maier u. Michael Schäfer; 3. Bd.: Deutungsgeschichte und Theorie, 2003 (Politik- und Kommunikationswissenschaftliche Veröffentlichungen der Görres-Gesellschaft. 16., 17., 21.)

Eric Voegelin: Die politischen Religionen. Stockholm 1939 (EA Wien 1938)

Evelyn Völkel: Der totalitäre Staat – das Produkt einer säkularen Religion? Die frühen Schriften von Frederick A. Voigt, Eric Voegelin sowie Raymond Aron und die totalitäre

119

Wirklichkeit im Dritten Reich. [Baden-Baden 2009] (Extremismus und Demokratie. Hrsg. v. Uwe Backes und Eckhard Jesse. 18.), Diss., TU Chemnitz

Klaus Vondung: Magie und Manipulation. Ideologischer Kult und politische Religion des Nationalsozialismus. Göttingen [1971], phil. Diss.. Univ. München

Schriften des Verfassers zur Erkenntnistheorie

Ich denke, also glaube ich. Cogito ergo credo. Von Metaphysik und Glaubenswissen als Fundament und Gunst von Naturwissenschaft und westlicher Gesellschaft. Mit einem Vorwort von Joachim Kardinal Meisner. Zweisprachige Ausgabe: I think, therefore I believe. Cogito ergo credo. Metaphysics and religious Knowledge as a Fundament and beneficial Force within Natural Science and Western Society. With a Foreword by Joachim Kardinal Meisner. Frankfurt a.M., München, London, New York 2008. 307 S., 2012 als amerikanische Ausgabe u.d.T. erschienen: The True Countenance of Man. Science and Belief as Coordinate Magisteria (COMA). A Theory of Knowledge, 2012.

Vom Elektron zur Heiligen Dreifaltigkeit Gottes. Die Einheitlichkeit der einursächlichen dualen Welt in der Drei-Säulen-Analogie von Axiom und Dogma und die Katholizität des Wissbaren. Gotteserweis. In: Das Geheimnis der Wirklichkeit. Kurt Hübner zum 90. Geburtstag. Festschrift hrsg. v. Volker Kapp und Werner Theobald. Freiburg, München 2011, S. 410-431

Die Einheit der Wirklichkeit in logischer und mathematischer Formalisierung. Die erkenntnistheoretische Aufwertung der Analogie durch die Evolutionstheorie als Grundlegung der Anwesenheit Gottes im naturwissenschaftlichen Weltbild. Frankfurt a.M. 2013. 33 S.

Vom Antlitz in der Welt. Gedanken zur Identität im 21. Jahrhundert. Frankfurt, München, London, New York 2007

Markus von Hänsel-Hohenhausen, Dr. phil., hat Katholische Theologie, Philosophie und Geschichte studiert und Beiträge zur Geschichte des 19. Jahrhunderts, zur Reaktion auf die Aufklärung und zur Erkenntnistheorie publiziert, in der er „Neuland in der Wissenschaftstheorie" (Kurt Hübner) betreten hat. Er ist Mitglied des Verbandes der Historiker Deutschlands. www.haensel-hohenhausen.info

CORNELIA GOETHE AKADEMIE

Deutsche Autorenakademie DAA – mit über 1.000 Absolventen

Das Staatlich zugelassene Fernstudium für Autoren

Von der Bundesagentur für Arbeit als berufsqualifizierend anerkannt

Kostenfreies Probestudium möglich

Stipendienvergabe (nicht übertragbar, nicht auszahlbar)

Einführung in die Felder Literarischen Schreibens:

Der Roman: Aufbau, Inhalt, Form

Kurzprosa: Inhalt und Form

Drama: Inhalt und Form

Lyrik: Reim und Versmaß

Kurzformen: Novelle, Märchen, Fabel

Autobiographie

u. a.

Betreuung durch hochqualifizierte Akademie-Lektoren, die nicht zu uniformiertem Schreiben anleiten, sondern zur Ausprägung des eigenen Stils.

Sie studieren zu Hause, wann immer es möglich ist (keine Anreise zur Akademie notwendig) – in 12 oder in 24 Monaten zum Schriftsteller-Diplom der CORNELIA GOETHE AKADEMIE.

Veröffentlichung des Abschlusstexts im Taschenbuch „Frankfurter Literarischer Lustgarten", Verlag der Brentano-Gesellschaft.

Ab 74,00 EUR im Monat für den Bezug des 600seitigen Lehrwerks in vier Bänden und für die Lektoratsbetreuung (das Lehrmaterial kann auch ohne Lektoratsbetreuung bezogen werden); Geschenkgutscheine sind ab EUR 148,00 erhältlich.

Die CORNELIA GOETHE AKADEMIE wird von der deutschen Industrie und von privaten Stiftern unterstützt. Die Absolventen der Akademie sind in der „Gemeinschaft der Absolventen und Literaturpreisträger GAL" organisiert.

Rufen Sie uns an! Wir freuen uns darauf, Ihre Fragen zu beantworten!

CORNELIA GOETHE AKADEMIE
Mitglied der Weimarer Goethe-Gesellschaft e.V.
Großer Hirschgraben 15 · 60311 Frankfurt a.M. · Tel. 069 13377-177 · Fax 069 13377-175
info@autorenakademie.de · www.cornelia-goethe.de

Anthologie Neue Literatur

Einsendeschluss für Manuskripte ist der 10. November (für die Frühjahrsausgabe) und der 10. Mai (für die Herbstausgabe)

Teilnahmebedingungen für „Neue Literatur", „Das große Vorlesebuch" und „Weihnachtsanthologie" siehe nächste Seite.

AUGUST VON GOETHE LITERATURVERLAG
z. Hd. Lektorat „Neue Literatur", Großer Hirschgraben 15, D-60311 Frankfurt a.M.
Tel. 069 40 89 40, anthologie@frankfurter-verlagsgruppe.de

Autoren präsentieren in dieser mehrteiligen Anthologie Ausschnitte aus größeren Werken, Gedichte und vollständige Gedichtzyklen sowie kürzere Prosatexte, Erzählungen, Novellen, Autobiographisches, Sachtexte usw.

Die Veröffentlichung eines Textes bedarf der Zustimmung des Lektorats. Anthologien sprechen breitere Publikumskreise an und genießen einen überdurchschnittlichen Wirkungsgrad. Das Lesepublikum nimmt Anthologien gerne an, weil es sich innerhalb eines Buches über das Schaffen zahlreicher aktueller Autoren informieren kann.

Ich habe es erlebt!

Zeitzeugen erinnern sich in diesem Abschnitt an die Zeit des Zweiten Weltkrieges, an die Zeiten des Kalten Krieges, der jungen Bundesrepublik Deutschland, der DDR oder der Zeit nach der Wiedervereinigung bis zur Gegenwart.

Die Gegenwart und die Kraft zur Erneuerung hängen bekanntlich von der Kenntnis der Vergangenheit ab, von der Kenntnis der Ursachen und vom Bewusstsein, Teil eines historischen Prozesses zu sein. Die Redaktion der Zeit

zeugenberichte ruft Schriftsteller auf, über ihr Leben und seine Einbindung in die Zeitläufe zu berichten. Eine Generation, die ihre Lebensleistung erbracht hat, schildert die Wege zwischen Herausforderung, Schuld und Versagen, Erfolg und bestandener Prüfung. Rückblicke in das spannungsreiche und tragische 20. Jahrhundert werden der jungen Generation mit auf den Weg gegeben. Der dokumentarische Sammelband ist ein Vermächtnis der älteren Generation.

Liebe ist nur ein Wort, aber sie trägt alles, was wir haben

Diese treffenden Worte Oscar Wildes bringen auf wunderbare Weise zum Ausdruck, welch zentrale Rolle dieses größte aller Gefühle in unserem Leben einnimmt. Von den zarten leidenschaftlichen Banden bis zur ewigen Liebe, die sich ihre Kraft auch im hohen Alter noch bewahrt hat; von der Erfüllung der

ersten großen Liebe bis zum Schmerz und den bitteren Enttäuschungen einer zerbrochenen Beziehung, deren Gefühle vom unerbittlichen Lauf der Zeit unberührt geblieben sind. Das sind die zahlreichen Facetten dieser Himmelsmacht, die in diesem Teil der Anthologie präsentiert werden.

Wer Religion hat, redet Poesie

Die Renaissance der Religiosität in der modernen Gesellschaft – Aufklärung und Dominanz der Vernunftlehre Immanuel Kants haben das Weltbild der Gegenwart geprägt. Diese Prägung hat Religion, Kirche und persönliche Religiosität in der gesellschaftlichen Wahrnehmung zurückgedrängt. Da aber Vernunft und Wissenschaftlichkeit Formen des Denkens sind, die ihre Gehalte erst generieren, und daher nicht selbst Gehalte sind, hat die Religiosität als Trägerin absoluter Gehalte bis heute ihre Kraft und Attraktivität behalten.

Beide, Wissenschaft und Religion, haben nicht rationale, sondern subjektive Voraussetzungen, die sich Beweis und Vernunftdenken entziehen. Dennoch befinden sich diese

Entwürfe von Welt angeblich in Konkurrenz. Es ist die Herausforderung der Gegenwart, religiöses Bedürfnis und humanistisches Menschenbild in Einklang zu bringen.

Dieser Teil der Anthologie wird Wahrnehmungen und Anschauungen präsentieren, die sich auf moderne Welt- und Menschenbilder, auf Aneignung von Welt durch Erklärungsversuche und auf individuelle Antworten auf die Sinnfrage beziehen. Es wird von Zugängen die Rede sein, von Schönheiten und Schwierigkeiten des Erkennens, von Religion, von Kirche, von der Freude, aber auch von der Kritik an Institutionen, von Heiligen Schriften, von Tradition und Lehre.

Die Teilnahmebedingungen finden Sie auf der Folgeseite.

Das große Vorlesebuch

Die schönsten Geschichten für Jung und Alt

Reime – Lieder – Märchen – Erzählungen

Einsendeschluss für Manuskripte ist der 15. Juni*

AUGUST VON GOETHE LITERATURVERLAG
z. Hd. Lektorat „Anthologie Vorlesebuch", Großer Hirschgraben 15, D-60311 Frankfurt a.M.
Tel. 069 40 89 40, anthologie@frankfurter-verlagsgruppe.de

Erinnern Sie sich nicht auch mit Freude daran, wie Ihr Vater oder Ihre Mutter an Ihrem Bett saßen und Ihnen eine Geschichte vorgelesen haben, die Sie sanft und sicher ins Reich der Träume begleitet hat? Haben Sie vielleicht selbst Kinder, die Ihnen mit glänzenden Augen zuhören, wenn Sie Ihnen eine Geschichte erzählen? Möchten Sie Ihre Enkel für die Geschichten aus Ihrer Kindheit begeistern, damit diese nicht verloren gehen? Gibt es für Sie nichts Schöneres, als die Fantasie von Kindern durch das erzählte und geschriebene Wort anzuregen?

„Das große Vorlesebuch" sammelt die schönsten Erzählungen für Groß und Klein zum Vorlesen und Selbstlesen, lebendige und spannende Erzählungen von Jung und Alt, die ein Lese- und Zuhörvergnügen versprechen und Werte vermitteln.

Alte und aktuelle Kinderreime sowie Lieder sind hierbei dem Lektorat ebenso willkommen wie Märchenklassiker in neuem Gewand, aber auch moderne Märchen. Abbildungen s/w-Fotografie oder s/w-Strichzeichnungen, die den Text begleiten, können ebenfalls eingereicht werden.

Weihnachtsanthologie

Einsendeschluss für Manuskripte ist der 15. September*

AUGUST VON GOETHE LITERATURVERLAG
z. Hd. Lektorat „Anthologie Weihnachtsanthologie", Großer Hirschgraben 15, D-60311 Frankfurt a.M.
Tel. 069 40 89 40, anthologie@frankfurter-verlagsgruppe.de

In der Anthologie „Besinnliches zur Weihnachtszeit" werden jene Momente der festlichen Jahreszeit präsentiert, die die Menschen berühren. Anschaulich stimmt diese Sammlung weihnachtlicher Texte und Abbildungen auf dieses besondere Fest ein und regt zum Nachdenken, zur Freude, aber auch zur Besinnung an. Lyrik ist hierbei dem Lektorat ebenso willkommen, wie Erinnerungen, Erzählungen und kürzere Prosatexte. Abbildungen (s/w-Fotografie), die den Text begleiten, können ebenfalls eingereicht werden.

---

* Teilnahmebedingungen: Publikationskosten oder ein Druckkostenzuschuss werden nicht berechnet. Der Verlag liefert pro belegter Buchseite zwei Buchexemplare an den Autor zum Buchhandelspreis von je EUR 28,80. Für Fotos werden Rasterkosten von jeweils EUR 75,00 berechnet (s/w-Druck). Für weitere Exemplare kann der Autor einen Verlagsrabatt von 30% in Anspruch nehmen. Ein Autorenhonorar wird ab dem 1.001. verkauften Exemplar fällig i.H. v. 10% vom Ladenverkaufspreis gemäß Seitenproportion; Autorenexemplare sind nicht mit Autorenhonorar vergütungspflichtig. Zusendungen sind per E-Mail, auf einem Datenträger oder auf Papier erbeten (Word-Dokument). Muss der Text vom Verlag erfasst werden, entstehen Kosten von EUR 6,00 je Buchseite. Nach der Zulassung zum Abdruck erhalten Sie einen Verlagsvertrag und danach eine Kostennote zur Anweisung der Kosten der Autorenexemplare. Vor Druck erhalten Sie eine Druckfahne zur Prüfung und Korrektur.

Jeder Beitrag soll mindestens 4 Buchseiten umfassen. Für die Berechnung der Buchseite gilt: Jede Buchseite hat 33 Zeilen mit ca. 55 Zeichen je Zeile. Trägt eine Seite einen Titel, so bleiben für den Text zwischen 26 und 31 Zeilen. Als Anhang erscheint ein Autorenspiegel, in dem jeder Autor mit biographischen Angaben verzeichnet wird (Jahrgang, Geburtsort, berufliche Tätigkeit, bisherige Publikationen, Mitgliedschaften, literarische Auszeichnungen, maximal 5 Computer-Zeilen). Vor Druck erhalten Sie eine Korrekturfahne zur Prüfung und Korrektur.

FRANKFURTER BIBLIOTHEK

DES ZEITGENÖSSISCHEN GEDICHTS

Herausgegeben von Klaus-F. Schmidt-Mâcon† und Leopold von Emden

Gedichtwettbewerb

Ausschreibung

Neben dem Abdruck in der „Frankfurter Bibliothek", der größten Gedichtsammlung in der Buchhandelsgeschichte, sind Preise im Wert von bis zu € 10.000 zu gewinnen – z.B. ein Studienplatz für das Fernstudium an der Frankfurter CORNELIA GOETHE AKADEMIE und ein Verlagsvertrag für Herausgabe eines Gedichtbandes im AUGUST VON GOETHE LITERATURVERLAG.

Die „Frankfurter Bibliothek" bietet einen Querschnitt durch die Lebenswirklichkeit der Gegenwart, gespiegelt in der in breiten Kreisen gepflegten kleinen Literaturproduktion, die oft unveröffentlicht bleibt. Es ist nicht Ziel de[r] Edition, ausschließlich Hochliteratur zu präsen[n]tieren, sondern, der Idee der Romantik folgen[d] Lyrik aus der Mitte unseres Volkes, also auc[h] Gelegenheitsdichtung und Verse aus dem Al[l]tag.

In die „Frankfurter Bibliothek" aufgenommen[en] Autoren können Ihr Gedicht auf der Frankfu[r]ter Buchmesse des nächsten Jahres öffentlic[h] lesen. Sie erfüllen auch die Zulassungsvorau[s]setzung zum Staatlich zugelassenen Fernstud[i]um für Autoren an der Cornelia Goethe Aka[de]demie (www.goethe-akademie.de).